メシアメジャー予言編

変動マップ

村中愛

ヒカルランド

２０２０年１月５日
村中愛さんに私たちは伝えました。
私たちは33年もの間、警告し続けています。
回避の方法も伝えています。
メッセージも２３００編を超えています。
なぜ、メッセージを深く読み解く人がいないのでしょうか？

2020年1月5日
トイレットペーパーとビニール袋を大量に買いなさい。
ガソリンは常に満タンにしておきなさい。
水、米、缶詰、乾パン、飴、
生き延びるための準備をしなさい。
ウマブドウ茶、イタドリ茶、ドクダミ茶などの
薬草茶の準備をしなさい、飲みなさい。

2020年1月16日
中国で非常に強力なウィルス患者が出ました。
気を付けなくては、日本人にも感染者が出ます。

2020年1月29日

小さな地球で何かが崩れようとしています。

ウィルス兵器……。

人工地震、人工災害、人工ウィルス、

答えの出せない暗闇のようです。

２０２０年２月２日

マスクを買いなさいと私たちは伝えました。

今、世界に人工ウィルスが撒かれていると思ってください。

人工ウィルスは生物兵器です。

1994年8月3日

今、人は皆、過去のカルマを大きな袋に背負って生まれてきました。
袋の中に入っているカルマや過去の過ちすべてを見て、
解決するために生まれてきました。
対処して、解決して、因と陰を片付けるしかないのです。

はじめに

今、この本を手にしているあなたに質問します。

未来はどうなるのでしょうか？

今から10年後の２０３０年、日本はどのような国になっていると思いますか？

日本は今の延長のままでしょうか？

戦争も無く平和でしょうか？

なぜ、このような質問をしているのか、疑問に思いますか？


今の現状では10年先が見えません。

今、１歳のよちよち歩きの子どもが11歳になった時のことをイメージしてみてください。

地球は着々と変化しています。

自然災害と人工災害の中で、どう生き抜いていくのか、分岐点に来ています。

いいえ、すでに分岐点を通り越しているのかもしれません。

メシアメジャーのメッセージを１９８７年から受け取り、33年という年月が経過しました。

私の個人的な感想や見たビジョンも書き込んでいますが、本文は２３００編を超えています。

今、この本を手にとっているあなたにお願いがあります。

本の読み方を説明します。

1回目は無心で、感情を外して淡々と読んでください。

この本は、小説だと思ってフィクションだと思って読んでくださってオーケーです。

そして、2回目は真剣に読んでください。

なぜなら、この本の内容は、真実を書いているからです。


私は、高知県に住んでいます。21歳から55歳まで普通の主婦として生きてきました。平凡で何の変化もない日々で、満員電車に揺られることもなければ、国会答弁を朝から聞くわけでもなく、ただ自転車や車に乗り、わずか2キロ圏内を買物するだけの日々でした。

高知県は気温が安定していて、暑くもなく、寒くもなく、とても住みやすいところです。

なぜ住みやすいのかといえば、高知県の約84％は山、南を向けば目の前は太平洋が広がり、自然に恵まれている土地だからです。

私はそんな片田舎に生まれ、メシアメジャーのメッセージを受け取ることになっても、最初はメッセージの本質を理解することができませんでした。

現在の私は、仕事や講演会で日本全国を訪ね歩き、メシアメジャーのメッセージの本意が少しずつ理解できるようになり、今は何とかしなくては、このままだと地球や日本が危ない、10年先が無いのでは？　と真剣に考えるようになりました。

メシアメジャーのメッセージでは、今年の２０２０年より激動的なことが起こり、破壊と創造が繰り返されていきます。

今なら、今なら、間に合うはずです。

私たちみんなが考え、行動すれば未来は大きく変わっていく。

是非、一緒に考えてください。


「意識を変えれば、未来は変わる」

未来は、地球に生きる私たちの意識で変わります。

佳きことを思い、佳き未来を想像することからすべては始まります。

２０２０年2月3日

村中　愛

目次

はじめに 7

メシアメジャー予言編
災害・変動メッセージ

【2019年12月22日】世界同時刻の平和の祈りで三親等 24
【2019年12月28日】沖縄の首里城 25
【2019年12月30日】7万字ある原稿 26
【2020年1月2日】地球で生き延びる（05：55） 27
【2020年1月3日】金運を上げる理由（00：22） 28
【2020年1月4日】準備が必要です 29
【2020年1月5日】伝えました 30

【2020年1月5日】東日本大震災以上の異常な地震 31
【2020年1月6日】オイルショック 33
【2020年1月6日】大規模な火災や地震（23：16） 34
【2020年1月14日】フィリピンの火山噴火 35
【2020年1月16日】中国でウイルス 36
【2020年1月19日】講演会の後に　私が見聞きしたこと（20：38） 36
【2020年1月23日】コロナウイルスのメッセージ　私が見聞きしたこと 36
【2020年1月23日】新型肺炎（23：03） 37
【2020年1月24日】コロナウイルスのメッセージ　私が見聞きしたこと（00：24） 39
【2020年1月23日】コロナウイルス 39
【2020年1月26日】コロナウイルスを語る 41
【2020年1月27日】日に日に増える感染者数 44
【2020年1月29日】コロナウイルス・ラッサ熱・インフルエンザ（22：30） 45
【2020年1月30日】マスクと手洗い 46
【2020年2月2日】マスクと備蓄 48

【1987年3月1日】初めてのメッセージ《全集①》 51
【1989年9月10日】食料を自分でつくる　個人的に聞いた内容 54
【1993年9月26日】地球の周波数に変化 54
【1994年8月3日】今回の誕生は過去の集大成　個人的に聞いた内容 55
【1994年9月30日】準備をしよう《全集①》 56
【1994年10月21日】2度目のオリンピックの頃《全集①》 57
【1994年12月10日】日本の土地を買収する外国人 58
【1995年1月4日】近畿地方の地震予告《全集①》 58
【1995年10月4日】松の木が土地の毒素を浄化する《全集①》 58
【1996年3月10日】空の雲が大きく高くなっている《全集①》 59
【1996年5月6日】中国が世界で最後まで残る（23：22） 59
【1996年5月24日】地球が危機《全集①》 60
【1997年7月9日】日本の砂浜が消える《全集①》 60
【1997年7月24日】富士山の氷室《全集①》 61
【1997年9月4日】2000年から地震が起こる《全集①》 62

【1997年12月9日】2011年ごろから《全集①》 62
【1997年12月17日】テレビとコンピューターゲーム《全集①》 63
【1997年12月25日】地下住居の準備《全集①》 64
【1998年1月18日】1000年間の過去からの結果《全集①》 64
【1999年1月2日】富士の山《全集①》 65
【1999年3月14日】メタンハイドレート《全集①》 66
【1999年6月5日】メタンハイドレート 67
【2000年4月1日】備蓄は人数×200日《全集②》 68
【2000年4月9日】『空の雲が…』メッセージを考える　私の考え 70
【2000年12月24日】2020年までに原子炉を全て停止《全集②》 71
【2001年5月10日】珊瑚が白化《全集②》 73
【2001年8月17日】積乱雲と大量の雨《全集②》 74
【2002年2月26日】核廃棄物処理 74
【2002年4月17日】第二次世界大戦は科学戦争の始まりだった《全集②》 75
【2002年5月2日】地球の温度　個人的に聞いたこと（22：16） 75

【2002年7月23日】高い放射能数値 76
【2002年8月4日】日本はプルトニウム保持国世界一 76
【2002年9月27日】原子力は〝平和〟理念《全集②》 76
【2003年1月10日】南極の氷《全集②》 77
【2004年3月18日】プロトン現象 78
【2004年8月2日】学者予想の日本人数《全集②》 78
【2006年10月16日】氷河期が来る《全集②》 79
【2006年12月12日】温暖化から寒冷化への移行《全集②》 81
【2007年10月19日】戦争の傷跡《全集③》 83
【2008年1月1日】2008年から《全集③》 85
【2008年1月3日】日本のエネルギー《全集③》 88
【2008年6月6日】中国が最終的に世界一になる 88
【2008年7月16日】メッセージや古文書を読み解く《全集③》 88
【2008年8月8日】日本人、早急になすべきこと① 出てきたメッセージ 89
【2008年8月15日】日本人、早急になすべきこと② 90

【2008年11月1日】秋でもないのにトンボが集団で飛ぶ年は……《全集③》《身体の教科書／環境》 91
【2008年12月15日】ポールシフト《全集③》 93
【2009年6月16日】海面水温上昇《全集③》 94
【2009年7月10日】今の地球を例えると更年期障害《全集③》 95
【2009年7月21日】時の始まりと時の終わり 95
【2010年1月7日】《全集③》 96
【2010年9月11日】雷が1時間で2000個落ちてくる《全集③》 97
【2010年12月15日】砂崩れの危険性《全集③》 97
【2011年3月13日】東日本大震災《全集③》 98
【2011年11月11日】《全集③》 99
【2011年11月11日】キリンの前足《全集③》 100
【2011年12月3日】日本各地に雷が落ちる《全集③》 100
【2012年1月13日】水晶龍を売りなさい 101
【2012年1月14日】木星には水も氷もある《全集③》 101

101 【2012年2月18日】地下で浸水《全集③》
102 【2012年3月22日】東京で巨大地震《全集③》
103 【2012年3月24日】地震が多いのはなぜ？《全集③》
103 【2012年5月21日】太陽光発電が山の水脈を切った
104 【2012年6月18日】巨大地震と高層ビル《全集③》
105 【2012年8月20日】日本人は餓死する《全集③》
105 【1994年9月30日】準備をしよう（再掲）
106 【2012年10月11日】日本は四季から二季になる《全集③》《身体の教科書／環境》
106 【2013年3月16日】野生動物《全集③》
107 【2013年3月22日】北方領土と拉致問題《全集③》
107 【2013年8月16日】ユーラシアプレート《全集③》
107 【2013年11月21日】キリンの足は西之島《全集③》
108 【2013年11月26日】寒波が襲う《全集③》
109 【2014年3月28日】2060年頃から隕石が飛んでくる《全集④》
109 【2014年4月14日】シェルター《全集④》

【2014年9月11日】ネズミを追えば命は助かる《全集④》 110
【2014年9月28日】御嶽山噴火《全集④》 110
【2015年5月31日】日本列島全県揺れる《全集④》 111
【2015年8月15日】9条の条約は平和憲法です《全集④》 112
【2015年9月8日】災害時の3つの必需品《全集④》 112
【2015年11月15日】平和憲法と軍隊《全集④》 114
【2017年1月18日】日本の桜《全集⑤》 115
【2017年3月7日】北朝鮮の若者が携帯を持つと世の終焉《全集⑤》 115
【2017年4月4日】日本が未来を担う役割《全集⑤》 116
【2017年4月4日】世界の動き《全集⑤》 117
【2017年4月6日】シリアへの攻撃（18：33）《全集⑤》 118
【2017年5月1日】北朝鮮の核実験《全集⑤》 119
【2017年6月10日】日本の温度差は90℃《全集⑥》 119
【2017年6月11日】プルトニウムの知識（07：20）《全集⑥》 119
【2017年7月28日】台風5号（16：22）《全集⑥》 120

【２０１７年8月2日】台風5号と海水温度（14：20）《全集⑥》　120
【２０１７年8月8日】月の作用（00：34）《全集⑥》　121
【２０１７年8月9日】日本を逆地図でみる（05：23）《全集⑥》　122
【２０１７年8月11日】9の数字と金正恩氏《全集⑥》　124
【２０１７年8月15日】グアム島には軍事衛星基地がある《全集⑥》　125
【２０１７年9月22日】水素性地震が最も恐ろしい《全集⑥》　126
【２０１７年10月5日】危険と思わないことが危険（23：31）《全集⑥》　126
【２０１７年10月9日】北朝鮮のミサイル《全集⑥》　127
【２０１７年10月10日】雪が降る・空が荒れる（23：22）《全集⑥》　127
【２０１７年11月8日】軍事装備　大量購入《全集⑥》　128
【２０１７年12月3日】２０１８年が大事です《全集⑥》　128
【２０１６年2月1日】2月　答えが出ます②　129
【２０１７年12月15日】三重県北西部（伊賀）の地震お礼《全集⑥》　132
【２０１７年12月16日】三重県北西部（伊賀）地震と分散地震《全集⑥》　132
【２０１８年3月11日】武将サミットのその後　133

真相【2018年4月11日】軍事力強化《⑦》 135
体験【2018年4月19日】霧島連山（硫黄山）が噴火 135
【2018年6月6日】日本も世界も猛暑 136
【2018年7月21日】兵器はどこの国にもある 137
【2018年7月21日】災害の後始末 138
【2018年7月26日】台風で被害 138
【2018年9月2日】2018年の災害 139
【2018年9月9日】備えて安心、御守り品 141
【2018年9月29日】メシアメジャーのメッセージ　3度目の警報 142
【2018年12月5日】地震に注意してください 145
【2018年12月15日】中央構造線上の神社 145
【2018年12月31日】2019年1月1日～3日までの出来事 146
【2019年1月1日】2019年　時間を大切にする 146
【2019年1月4日】2019年元旦から3日で起ったこと 147
【2019年1月6日】東北で平和の祈り　1 148

【２０１９年１月12日】東北で平和の祈り　２　150
【２０１９年２月23日】宇佐神宮　151
【２０１９年２月24日】さらに時間が短くなる　153
【２０１９年２月25日】水晶龍を配置する　153
【２０１９年２月27日】黒い津波　155
【２０１４年４月18日】心が痛む人災事故　156
【２０１９年３月11日】水晶龍と水晶玉　158
【２０１９年５月10日】日向灘地震（08：50）　160
【２０１９年５月15日】九州の歪　スロースリップ　161
【２０１９年５月18日】日向灘の地震と九州南部の大雨（04：21）　161
【２０１９年５月21日】泡の花　162
【２０１９年５月31日】無差別な殺人行為（07：00）　162
【２０１９年１月４日】２０１９年元旦から３日で起ったこと　抜粋　162
【１９９６年８月17日】刃物で人を斬ることなかれ《全集①》　164
【２０１９年６月３日】愛を知らない人（23：55）　164

165 【2019年6月19日】梅雨と山形沖地震（07：25）
166 【2019年9月5日】水没地域
167 【2019年9月11日】お粗末な対応
168 【2019年9月15日】台風停電は意図的に行われた
169 【2019年9月26日】伊勢湾台風
170 【2019年10月8日】台風19号①（13：07）
171 【2019年10月8日】台風19号②（15：40）
172 【2019年10月12日】台風の準備
174 【2019年10月13日】台風19号を考える
175 【2019年10月15日】千葉の災害と東日本の災害
176 【2019年10月16日】オゾン層が小さくなった……だが、
177 【2019年10月17日】思いが伝わらない
178 【2019年10月22日】高熱の中で思い出したこと　村中愛の思ったこと
180 【2019年11月1日】地球が爆発する①
180 【2019年11月3日】地球が爆発する②

【2019年11月5日】中央構造線とメタンハイドレート　181
【2019年11月13日】地表面熱と海水温　182
【2019年12月4日】二重に重なると考える　183
【2019年12月5日】被災の連鎖（22：05）　184
【2019年12月13日】海底で異変が起こっている　185

本書は、1987年3月1日～2020年2月2日までのメシアメジャーからの災害に関するメッセージを抜粋し、記録した内容をまとめたものです。一般で言われている年代や史実と異なる部分があるかもしれません。ご理解のほど、よろしくお願い申し上げます。

カバーデザイン　櫻井 浩（⑥Design）
本文仮名書体　文麗仮名（キャップス）

メシアメジャー予言編
災害・変動メッセージ

【2019年12月22日】世界同時刻の平和の祈りで三親等

2019年12月22日冬至、同時刻（日本06：00）の瞑想（祈り）は、全世界120万人の人が参加し、日本の中でも、多くの人が同時刻に祈りを捧げました。

早朝のリラックスした時間、
早朝の空気の澄んだ時間、
早朝の気の乱れが無い時間でした。

祈り合わせは、今いる場所で心に思うことを祈り、瞑想します。

今朝、人は無の心で祈っていたのですが、大きな現象が2つ起こりました。

祈りの光は三親等の親族にも大きなエネルギーをもたらします。

三親等の中にある負（ふ）のエネルギーを浄化致します。

15時15分より変化します。

負とは怒り、焦り、邪気、妬み、恐れ、恨みや悪口、不平不満です。

ついつい起こしがちな《不機嫌》な態度や言葉自体も最大な罪ということをご存知でしょうか?!

何気なく吐く、吐息やため息も《不機嫌》な罪であることをご存知でしょうか？

この最大の罪である《不機嫌》を浄化致します。

そして、今日の15時からの『世界14万4000人平和の祈り』の方々の祈り合わせは、同じ地球に住みながら、戦争、内乱、難民、食糧不足などの理由から貧困で苦しんでいる人たちに光を送ります。

祈りで地球は変わります。

今日は冬至の日、地球は大きく変化していきます。

【2019年12月28日】沖縄の首里城

2019年10月31日、沖縄の首里城が焼け落ちました。今まで首里城は何度も焼け落ちています。

しかし、今回はどうして跡形もないほど焼け落ちたのかと疑問に感じる人も多いと思います。

原因はなにかと考えるよりも、今後のことを話し合うことが大事なのではないでしょうか。

赤く塗られている朱色が火と交わり一段と濃く見えました。その朱を見ていると「出エジプト記12の子羊の血」を思い出します。


『私は主である。

あなたたちのいる家に染まった血はあなたたちのしるしとなる。

血を見たならば、わたしはあなたたちを過ぎ越す。

わたしがエジプトの国を撃つとき、滅ぼす者の災いはあなたたちには及ばない』。

鴨居と2本の柱に塗られた赤、沖縄の首里城と首里門、日本の鳥居に思えます。

首里城と首里門の役割は大きく、朱の赤、首里城の落城によって日本に災いが起きないことを切に願います。

しかし、朱の赤が落ち、世界地図が赤く染まる。

【2019年12月30日】7万字ある原稿

『災害』と『身体』のテーマに分けると文字数は7万字を超えています。

災害は身近に迫っています。

身体の話も急がなくてはいけません。深刻な病気が増えています。

1日も早く2冊を読んでもらいたい。

本を出して欲しい。

メッセージはどの本屋さんでも購入できる。誰でも手に取れるようにしてください。

内容は1部の人が読んで終わる内容ではない。早く、多くの人に読んで欲しい。

【2020年1月2日】地球で生き延びる（05：55）

動物・草木・人間の中で、災害でも生き延びる順番をお教えします。

①草木
②動物
③人間

災害に脆《もろ》い順番をお教えします。

①人間
②動物
③草木

地球で残る順番をお教えします。

①草木
②動物
③人間

【2020年1月3日】金運を上げる理由（00：22）

私たちは単に、金運上昇を伝えているのではない。
理由があります。
金運を上げなくてはいけない理由
2020年大金運の年、裏側で大きな組織が動いています。それも駆け足で動いています。戦争です。

戦争をする目的は何でしょうか？

戦争の目的は経済です。国の儲けを考えて戦争をするのです。戦争をして、武器を売れば儲かる。

戦争は平和のためにするのではなく、経済を上げる目的のためにするのです。

近隣国の動きを見なくてはいけません。

直接日本に関わらない戦争でも火種が飛んで来ます。

戦争の火種が飛んでくる前に、日本は経済のエネルギーを上げて潤わなくてはなりません。

逃げるが勝ちという言葉もあるように、金運のエネルギーを上げ、ネズミのように、ちょろちょろ走り回って、捕まらないようにしてください。

今年の講演会やイベント、人が集まった時、『ネズミ年の人いませんか？』と聞き、いたら

『ありがとうございます』とお礼を言いましょう。
お礼を言えば、更に、ネズミの金運が上がります。
今年は戦争とテロと大きな地震や噴火、火に注意してください。
２０２０年、戦争とテロにあわないように細心の注意を払ってください。
大きな地震に注意してください。

【2020年1月4日】準備が必要です

具体的に言います。

女の子がいる家庭は生理用品の準備
年配者がいる家庭はトイレットペーパーとホッカイロの準備
大食家が多い家庭は米と餅の準備
心配性の人がいる家庭は小銭の準備
生き延びたいと思う家庭は水と食料の準備
家屋《かおく》が古い家庭は特大の物置の準備
小さな子供がいる家庭は衣服と飴玉の準備
赤ちゃんのいる家庭はミルクと紙おむつの準備

準備をしてください、車は常にガソリンを満タンに入れておいてください。

準備をしてください。大きな地震がきます。

【2020年1月5日】伝えました

村中愛さんに私たちは伝えました。

皆さまも何度も聞いたはずです。


トイレットペーパーとビニール袋を大量に買いなさいと。

ガソリンは常に満タンにしておきなさいと。

水、米、缶詰、乾パン、飴、生き延びるための準備をしなさいと。

ウマブドウ茶、イタドリ茶、ドクダミ草茶などの薬草茶の準備をしなさい、飲みなさいと。

東日本大震災と同じ規模、いえ、もっと大きな地震の前触れ余震が始まっていると。

地震は南東方向と北西方向と真逆に動いていて日本は中心が折れる危険性があると。

日本の地形は隆起している場所と沈降している場所があると。

地震だけではなく、アメリカとイランの戦いで原油が高騰すると。

金（きん）が値上がりするので早く金を購入しなさいと。

大地震の予兆があるから日本での2回目のオリンピックは危ないと。

昨年の三都市講演会で準備しない人は死ぬ、と伝えてと。

サウジアラビアでは石油関連施設が破壊され、タンカーの攻撃も多いので石油が高騰すると。

早く、メタンハイドレートに取り組まなくてはいけないと。

株の暴落もあると。

石のネズミやさざれ石を買って家に置き、金運を上げなさいと。

自給自足の準備をしなさいと。

輸入が減り、空腹になると。

自家製の種を持ちなさいと。

主食の米を作らないと国は滅びると。


私たちは33年もの間、警告し続けています。回避の方法も伝えています。メッセージも１３０0編を超えています。何故、メッセージを深く読み解く人がいないのでしょうか？

【2020年1月5日】東日本大震災以上の異常な地震

今、東日本大震災以上の地震がいつ起こっても不思議ではないと伝えておきます。

早ければ3月前後、遅くても今年後半に異常事態宣告が出される場合があります。

どこまで回避できるか、今は答えがありません。

だから、準備が必要です。何事が起きても対処できるように準備が必要です。

福島県、茨城県、栃木県、鳥取県、徳島県、首都圏及び伊豆諸島と小笠原諸島、九州全域、北陸、東北全域、太平洋側は隆起し、日本海側は沈降しています。

北海道東部、根室は沈降し阿寒は隆起して、その差は12㎝にもなりました。

石川県の白峰あたりが大きく沈降しています。山（白山）が下がるのは異常事態で、近県に影響します。

日本政府に言いたい。地震の予測は既に出来ているはずです。伝えてあげなければ救える命も救えなくなります。

震度3程度の地震が頻繁に続けば人は察するだろうという曖昧さは止めてください。

NHKが8日間連続で特集番組『首都直下地震ウィーク』で放送すれば、大体の人が予想できるだろうという曖昧さは止めてください。しっかりと言葉で伝えないと伝わりません、日本人は今日の延長に明日があると、いまだに思っています。

『今、すでに危ない時に直面している、震度8の地震が起こる前兆・予兆がある』と伝えなくてはいけません。避難できるように身の周りの準備はできていますか、備蓄はできていますか、連絡先を決めていますかと問いかけてあげないと人は動きません。

海の地震はプレートの境界で起こるため被害が広範囲になり、長い時間揺れて被害が出ます。

陸の地震は直下型ですから、震源地の真上にある県は大きな被害が出ます。

【2020年1月6日】オイルショック

1月2日に村中愛さんに「スーパーマーケットに行きトイレットペーパーを買いなさい」と伝えました。

愛さんは「どうして？　まだ1箱あります」と答えました。

毎日、私たちのメッセージを記録する愛さんもこの様な状態ですから、危機が近づいてきたと察していないのです。

今日は春の7草粥の日で、スタッフと世界14400人平和の祈りボランティアの数人に、七草粥を食べに来てもらい話をしてくださいと伝えました。半分の人は驚き、半分の人数はトイレットペーパーを買いに行くことしか頭に残りませんでした。

トイレットペーパーを買うというと1番に思い出すのは『オイルショック』です。

日本中に激震が走りました。日本全国のスーパーマーケットからトイレットペーパーや洗剤が消えたからです。昭和48年の秋だったように記録されています。

オイルショック、つまり石油危機から起こりました。石油供給が途絶えると日本は赤子の手をひねるよりも簡単につぶれてしまいます。そうです、日本は輸入にすべてを頼っているからです。

第1次オイルショックのきっかけは、1973年（昭和48年）10月に勃発した中東戦争でした。原油の供給制限と輸入価格の大幅な引き上げに伴い、原油が3か月も4か月も高騰したことで石油消費国の先進国を中心とした国は世界経済の混乱に巻き込まれました。

2度目のオイルショックの時は、日本国民は落ち着いていました、1度目のオイルショックを反省しましたから。

でも、イラン・イラク戦争の影響が重なり、国際原油価格は約3倍跳ね上がりました。

ここまで読みますと、賢い人は今の危機を予想できるかと思います。

私たちは2019年10月10日に『龍の同窓会』をしてほしいと頼みました。

全国に配置された龍のエネルギーを一堂に集めることで日本を守る計画です。

今年は2020年です。20（2重）に物事が起こります。

例えば、第3次世界大戦と大地震。世界的大火災と大水害。

今、何をしなくてはいけないか、考えてください。

【2020年1月6日】大規模な火災や地震（23：16）

警告です。

オーストラリアの森林火災は地球の未来図です。

逃げられない、走れない、危機を感じないコアラと人間は同じです。

火事も水害も地震も噴火も戦争も身近に迫っています。

命を守る方法を考え、行動に移さないと、ゆでガエルになります。火災で死ぬことはなくても巨大な煙で呼吸困難になってしまいます。

オーストラリアは夏で、カリフォルニア州は冬です。

大規模な火災は北半球でも南半球でも起こっています。

大規模な地震は、日本でも起こります。

大規模な水害、火災、台風（ハリケーン）、地震は、地球の至る場所で起こります。

もう一度言います。命を守る方法を考え、行動してください、このままだと人間はゆでガエルになります。

【2020年1月14日】フィリピンの火山噴火

フィリピンのマニラの南、タール火山が噴火しました。もともとフィリピンで2番目に活発な火山ですから噴火はあり得ました。

タール火山は環太平洋火山帯に位置しているので、地震や火山は珍しくありませんが変動段階に入りました。

東京からマニラまで直線距離で約3000キロ。飛行機で東京からマニラまで飛ぶと3時間30分程で到着します。時間からみてもフィリピンは日本と意外と近いことがわかります。

タール火山の噴火の規模は、日本でも起こり得ます。

【2020年1月16日】中国でウイルス

中国で非常に強力なウイルス患者が出ました。

気を付けなくては、日本人にも感染者が出ます。

【2020年1月19日】講演会の後に　私が見聞きしたこと（20：38）

今日は川越店で初めての単独講演会でした。

昨日、突然メシアメジャーから、『1人で講演会するのだから今までに無い話題を提供します。週刊ポストに出ている21項目の問に答えてあげます。いくつか話すので皆様にその場で話してあげてください』と言われて即興で答えました、

ホテルに帰り、少し休息をとっているとメシアメジャー達の話し声がしました。内容は、『コロナウイルス』のことでした。インターネットで『コロナウイルス』のことを調べてみましたが、調べ方が悪かったのかヒットしませんでした。

『また、北朝鮮からきな臭い匂い（戦争）がする。「コロナウイルス」に「北朝鮮とアメリカの戦い」と、2重に大きな問題が出ると言われました。

【2020年1月23日】コロナウイルスのメッセージ　私が見聞きしたこと

9：00　埼玉県秩父市　聖《ひじり》神社に下見に行くため準備をしているとメシアメジャーが話しかけ

てきました。

『今日は定休日、今から聖神社の下見、夜は四谷で打ち合わせ、忙しいと思うが今夜メッセージを送ります』と言われました。

【2020年1月23日】新型肺炎（23：03）

２００２年、中国南部で重症急性呼吸器症候群（ＳＡＲＳ）が発症しました。

ＳＡＲＳは８ヶ月後にほぼ終息しましたが、32ケ国にまで広がり、およそ８００人の死者を出しました。

昨年末、中国武漢市で新型ウイルス、コロナウイルス患者が出ました。

この、コロナウイルスの感染力は強く、感染者は報告されている数の数倍多く、今後も急激に数を増やしていきます。

原因の1つとして、1月24日から始まる春節（旧正月）で中国からたくさんの旅行者が日本に入って来ます。

旅行者の中には熱も平熱、咳もしていないと安心して旅行を続けている、その人たちの中にもコロナウイルスに感染した人がいます。

２０１２年サウジアラビアで発症したＭＥＲＳも中国で発症したＳＡＲＳ、どちらにもワクチンは見つかっていません。

そして、SARSにもMERSにも今回の新型コロナウイルスにも医学的治療法が未だありません。

今は、対策だけです。

対策についてはインフルエンザワクチンのメッセージの中にあるように、
○30分に1回、1口だけでも水を飲む。
○外出から戻り、家に入る前に、服を叩いてウイルスを家の中に入れない。
○石鹸を使って丁寧に手を洗う。
（アルコールで拭くのではなく、石鹸を使って洗う）
○口をゆすぎ、うがいをする。
○うがいは1日に数回する。
○外出にはマスクを着用する。
○同じマスクを使い回しせず、1回ごとに捨てる。
○梅干、納豆、味噌を毎日食べる。

＊注意
コロナウイルスは発熱しなくても感染している場合があります。

胸が痛い、息が苦しい、胸が重たいなど症状がある場合はすぐ病院に行き診察を受けてください。

【2020年1月24日】コロナウイルスのメッセージ　私が見聞きしたこと（00：24）

新型ウイルスのメッセージをフェイスブックに投稿しました。

投稿の準備をしていると、続いてコロナウイルスのメッセージが届きました。

【2020年1月23日】コロナウイルス

新型ウイルス、コロナウイルス患者を治療するために中国武漢市では2つの病院を建築すると発表しました。

感染者の治療に特化した病院を建築し、医療に取り組むことになりましたが…、武漢周辺では病院に入りきれないほど患者がいます。

ニュースで流れる医療関係者の防護服を見ても、国外への団体旅行を禁止した中国政府の対応を見てもコロナウイルスの脅威が、わかると思います。

もちろん、冷静な対応が必要です。

しかし、日本人は井の中の蛙、あまりコロナウイルスの脅威を感じていないことに怖さを感じます。

SARSが発症した時、日本人と韓国人感染が少なかったこと、ご存知でしょうか?!

そうです、日本人は日常的に発酵食品を食べ、酢や酵素を食べるからです。
韓国はキムチを食べます。
ウイルスに勝つのは薬ではなく、元気な身体なのです!!
自然の中で朝の太陽を浴び、酵素食品、発酵食品を食べることです。

○30分に1回、1口だけ水を飲む。
○出かけた後、家に入る前に、服を叩きウイルスを家の中に入れない。
○石鹸を使って丁寧に手を洗う。
＊アルコールで拭くのではなく石鹸を使って洗う。
○口をゆすぎ、うがいをする。
＊うがいはぬるま湯で数回。
＊市販のうがい薬を使用する場合は
　1日3回程度。
＊薬は多すぎると粘膜を痛めます。
○外出にはマスクを着用する。
＊密着力のあるものを使用
○梅干、納豆、味噌を毎日食べる。

＊発酵食品、酵素食品、酢
○睡眠をとる。
○冷たい食べ物、飲み物を控え、腸を冷やさない。
○下痢をしない。
○水分補給には、ミネラルのある塩を少し入れた温かい白湯を飲む。

自分の身体、自分で守りましょう。
家族の身体、家族で守りましょう。
友人・知人、みんなで守りましょう。

【2020年1月26日】コロナウイルスを語る

箇条書きにします。順番は関係ありません。

○突然変異したコロナウイルスの対策は難しい。
○上気道（鼻と喉）にウイルスが溜まるので30分に1度に水を飲むことやうがいが大事。
○熱や咳が出ない軽症感染者がいる。
○水洗いでなく石鹸を使って手を洗い、流し水は30秒かけてすすぐ。

○腸が弱いと症状が長引く。
○発酵食品を食べなさい。
○ミネラル豊富な水を飲みなさい。
○少し塩分をとりなさい。
○今まで伝えてきた野草茶を飲みなさい。
○睡眠時間を長めにとりなさい。
○体温検査で初期のウイルス陽性は出ない。潜伏期でも感染する。もうすでに、世界にウイルスが広がってしまった。私たちがメッセージを出した1月16日でも、既に遅かった。
○コロナウイルスはMERS（マーズ）、SARS（サーズ）より怖い。
○観光地など人の多い場所に目的なく行かない。
○抵抗力の無い人、内臓疾患（臓器の病気）の人には怖いウイルス。内臓疾患患者は命を落とす確率が高い。
○まるで無差別殺人のような病原菌。人工テロのようなもの。
○子供たちを安全な地域に疎開させなくてはいけなくなるかも…。
○日本人は発酵食品を食べることで感染を最小限に防げる。
○重症感染症よりも軽症感染者が多い。重症感染症が10なら軽症感染者が50～70と多い。
○軽症感染者が歩いて菌を拡散している。『歩く病原菌』である。

○うがい薬（市販の薬）とマスクをすぐ買いなさい。お湯でのうがいは数回しなさい。市販のうがい薬は1日3回まで、回数が多いと粘膜を痛めます。
○日本で販売しているマスクは中国産が多い。ですが、日本で販売している中国産のマスクは大丈夫です。早く買いなさい。中国でマスクを生産しなくなれば輸入は止まります。
○マスクをしてもコロナウイルスの防御率は30～35%です。マスクの使用方法が悪いからです。
○マスクは頻繁に変えなさい。使い捨てにしてください。
○マスクの付け方、外し方に問題があります。
○マスクは耳の後ろ部分を指1本で外します。小袋に入れ、袋を結んでから捨てます。
○コロナウイルスはSARSの5倍～10倍の感染力です。中国から感染者が他国に出れば一気に世界に広がります。
○1人感染で（潜伏期で）20人に感染する。麻疹（はしか）と同じ強さをもっています。
○コロナウイルスのこと、中国政府の発表には疑いを持ちなさい。今の発表より10倍の患者がいると思いなさい。
○中国で製造する自動車やコンピュータが止まってしまう、日本も痛手を受ける。
○中国人観光客が入ってこないことで日本の観光業界は大きな痛手を受ける。
○武漢市に渡航歴がなくて感染者が出た場合、日本全国にコロナウイルス感染者がいると思いなさい。

○中国政府はコロナウイルスの繁殖力を知っていたから、すぐ対応した。（武漢を隔離・国外旅行禁止・団体旅行の払戻しを政府が払う）
○中国人を入国拒否すれば日本経済にも影響する。
○今となっては中国の問題ではない、世界で対策法や治療薬を考えなくてはいけない。
○コロナウイルスが発症した中国を攻めると争いの元になります。戦争や争い、戦いにならないように注意が必要です。
○世界保健機構（ＷＨＯ）がコロナウイルスの緊急事態宣言を出せない本当の理由は、中国との因果関係にあります。中国はＷＨＯに莫大な出資金を出していますから、迂闊《うかつ》な表現ができなのです。私欲に囚われているとウイルスは世界中に蔓延します。
＊注意　村中愛からうがい薬は（イソジン）でも良いですか？　と聞きました。すると『はい』と返事がありましたがメシアメジャーから薬名が出ているのではありません。

【2020年1月27日】日に日に増える感染者数

コロナウイルスの感染者が増えてきました。このままだと、感染者はすぐ1万人になります。
軽症感染者が歩いて菌を拡散しています。
1月19日の感染者報告数は１７０人＋（報告されていない数５００人）
1月20日の感染者数は２００人＋（報告されていない数６００人）

1月22日の感染者数は470人＋（報告されていない数800人）
1月23日の感染者数は570人＋（報告されていない数1000人）
1月24日の感染者数は830人＋（報告されていない数3000人）
1月25日の感染者数は1300人＋（報告されていない数3000人）
1月26日の感染者数は2000人＋（報告されていない数5000人）
1月27日の感染者数は2800人＋（報告されていない数6000人）
1月28日の感染者数は4500人＋（報告されていない数8000人）
1月29日の感染者数は6100人＋（報告されていない数10000人）
2月3日の感染者数は10000人＋（報告されていない数30000人）
2月3日以前に感染者数が100000人を超えている場合は、ウイルス終息に時間がかかります。

【2020年1月29日】コロナウイルス・ラッサ熱・インフルエンザ（22：30）

人がたくさん亡くなっている姿が見えます。

中国武漢ではコロナウイルス、アフリカの中西部のナイジェリアではラッサ熱が流行しています。

小さな地球で何かが崩れようとしています。

ラッサ熱はナイジェリアの風土病でエボラ出血熱やマールブルグ病と同じウイルス性出血熱です。コロナウイルスとラッサ熱、2重に出た、ウイルス性感染症です。

そして近年はインフルエンザ患者の死者数が多い。なぜここまでインフルエンザ患者が多いのか？

ウイルス兵器……。

人工地震、人工災害、人工ウイルス、答えの出せない暗闇のようです。

【2020年1月30日】マスクと手洗い

【2020年1月26日】『コロナウイルスを語る』で次のようにお伝えしました。

35項目の中、一部を抜粋します。

○マスクを使用してもコロナウイルスの防御率は30～35％です。

マスクの使用方法が悪いからです。

○マスクは頻繁に変えてください。

使い捨てにしてください。

○マスクの付け方、外し方に問題があります。

ここで改めてマスクと手洗いについて述べてみます。

＊マスクの正しい付け方
◯マクスのプリーツがある場合、裏表を確認する。
◯鼻の上部分を抑えたまま、アゴの下まで伸ばす。
◯マスクと顔の間に隙間ができないようにする。
◯顔の形や大きさに合わせたマスクを使用する。

＊注意
◯マスクから鼻やアゴを出さない。
◯マスクをアゴの下にかけない。
マスクをアゴにかけるとウイルスが鼻や口から喉にすぐ入ります。
◯耳の付け根部分が痛いときは、マスクが顔に対して小さい。

＊マスクの外し方
◯耳の後ろ部分の紐を指1本で外す。
◯口や鼻部分、表面は触らない。

＊マスクの処分の仕方
◯マスクを外したら小袋に入れて縛る。
◯ゴミ箱に入れる。

正しくマスクを着用しないとウイルスの飛散を防御することはできません、注意してください。

＊手の正しい洗い方
○石鹸を使って30秒間手を洗います。
○指先、指の間、爪の間、手のひら、手の甲、手首をしっかり洗います。
○流水で30秒流します。

＊注意すること
○手を洗わず、アルコール消毒剤だけでは短時間の効果しかありません。
○アルコール消毒剤は手洗いをした後、手を乾燥させてから使用すると効果的ですが手の乾燥が不十分で、濡れている場合、効果は半減しています。
○手に付着したウイルスが手を介して鼻、口、目から体内に入ります。
○ウイルスは普段何気なく触るテーブルやイス、ドアノブ、つり革にもついています。こまめに手を洗います。
○除菌の紙タオル等で拭き、ウイルスを除菌する。

【2020年2月2日】マスクと備蓄

マスクを買いなさいと私たちは伝えました。私たちのメッセージを読んだ人は約5000人います。

では、今回マスクを2000万円以上買った人、マスクを段ボール3箱（24パック入り）以上買った人、すでに備蓄してマスクを持っている人まで合わせると5000人中、約40人です。

私たちは必要以上にメッセージは出しません、読み解く力を持っている人は必ず生き延びることができます。

マスクを買いなさいと言った理由の1つは、日本で販売しているマスクの80％は中国で生産しています。中国全土で入出国禁止令が出た場合、マスクが日本に入ってきません。

マスクの販売、ニュースで『品薄です』といえば、1日で店頭から消えます。

日本を含め、中国に工場を置いている会社、世界で数万社でしょうか？

ウイルスを広げている渡航者は中国人だけではありません。

今、日本のテレビであまり放映されていないアメリカで流行しているインフルエンザでの死者数を知っていますか？

日本メディアは中国のコロナウイルスの放映しかしていません。

だから簡単にアメリカから、インフルエンザ保菌者が日本に入って来られるのです。

コロナウイルス死者、500人に対しアメリカインフルエンザは10倍規模で増えています。

備蓄は決して災害だけのものではないのです。緊急時、閉鎖が起こればあなたの家の備蓄量では3日で底をつき、その後何の配給も無ければ飢えて死に至ります。

輸入が止まれば、日本は食べていけません。
今、世界に人工ウイルスが撒かれていると思ってください。
人工ウイルスは生物兵器です。

【1987年3月1日】初めてのメッセージ《全集①（巻末広告の全集をご参照）》

富士山が危ない。

日本の象徴、富士山が噴火の危機にある。

富士山の側には無数の高速道路が見えるが高速道路の下には地震脈が見える。

（初めて届いたもの。何……？　と思って後から記録する）


《体験》【1987年3月1日】文字の後に映像が見えた（村中愛が見たもの）

初めて届いたものがメッセージだとは思わなかったので、今のは何だった……？　と思って後から記録しました。その時、富士山のビジョンを見ていなかったら覚えてもいないし、記録もしなかったと思います。

富士山が1番最初に大きく見え、次に地層が揺れている感じが見えました。

『あ、富士山が危ない』って叫んでいる自分がいて……。

富士山周辺が上下に揺れるように見え、少し煙が見えました。

私は海の上から見ているように感じました。

最初は江戸時代中期、1707年の宝永大噴火を、富士山の南の海側から見ているように感じましたが煙の位置が違い、富士山の北東側から噴煙が上がっています。すると3Dの映像のように画面が浮き出てきて立体的に動いて見えました。場所は不二阿祖山太神宮より少し頂上よりの場所から噴煙が上がっていました。ふもとではたくさんの人が口を開けてポカンと見ていましたし、行動的な人は口々に「これってやばくない」と言いながら携帯電話で動画を撮る人もいましたので現代の人間層と一緒でした。

上の方では富士山が噴火し、噴煙が高く上がって空が見えないほどでした。そして下の方では無数の高速道路を走る車が血管の中を流れる血液のように見えました。その下は土ではなく、ガラス張りの中の赤い血管の中には今から吹き上がる真っ赤な溶岩と寄り添って、緑とも青とも見えるエメラルドブルーの地震脈が無数に動いているのです。それはそれは恐怖でしたから誰にも言えませんでした。ただ、その映像があまりにもリアルで怖かったので見た（聞いた？）文章をそばに置いてあった紙に書き留めました。

噴火は2～3日ではなく、長く続きました。2～3週間ほど続いたでしょうか……。煙と噴煙は埼玉県の方に流れていましたが、風の流れが変わったのか、東京都、神奈川県、千葉県は降灰でグレー一色でした。都内では、最高に積もった灰は8㎝を超えていましたから、乗り物も何も動いていません。

灰は200㎞飛び、食べる物もなく、目と鼻まで隠せるゴーグルを付け、防弾服のようなものまで事前に準備していた人だけしか動けないような町になっていました。死者や行方不明の数を把握できる状態ではなく、ヘリコプター1台も飛んでいない、飛べない状況という方が正しいのかもしれません。

埼玉
東京
千葉

太陽と風と雨、自然の力には誰も逆らえず、ガラス質のような灰だけが風に舞っていました。

【1989年9月10日】食料を自分でつくる　個人的に聞いた内容

食料の自給率の低さが気がかりです。

他の先進国を見て下さい、自給率は100%ですよ。

日本の農業を考えてください。林業も漁業も考えてください。

日本のお役所は日本の未来を考えていません。

日本政府はアメリカに尻尾を振る犬です。

日本は農薬と防腐剤まみれの外国農産物を黒字減らしと称して買っています。

30年後の日本政府は農薬と防腐剤まみれの外国農産物だけでは物足りず、武器や戦闘機もアメリカから買うことになるでしょう。

【1993年9月26日】地球の周波数に変化

地球の温暖化が進む頃、地球の周波数に変化が見られます。

その頃の日本は社会常識が音を立てて崩れかかっています。その中でも大きな犠牲者は18歳未満の子どもたちです。

地球人は知りません。

宇宙から見ると100年前の地球は希望の星でしたが、今は地球に飛来する宇宙人はいません。地球に降り立って学んで来なさいと伝えても誰も行きません。なぜなら地球人は宇宙人がもっとも嫌う兵器、《核兵器》を大量に作ってしまったからです。

高度な知識、高度な技術を与えられて地球に送り込まれて来たのに非常に残念です。

核処理をするならば固定観念を捨てるべきです。とらわれを捨てて組み換えをしてください。


【1994年8月3日】今回の誕生は過去の集大成　個人的に聞いた内容

今、生まれて来た人類の全てに言いたい。

今世から逃げてはいけない。自分の魂の成長、人間界の卒業試験を受けている。

1918年から2088年までに生まれてくる人はアトランティス大陸に関わりが有る人で、集合意識を持って生まれてきたばかりである。言い換えれば、必要な時に呼ばれ引き戻された人物ばかり。

必要な魂は最後の砦を抜けるために、全員に試験がある。

試験は過去の人生の遣り残しをパーフェクトにやり遂げることです。つまり、過去の不完全を完璧に仕上げることです。

ある者は、家庭の問題、離婚、暴力、虐待、孤独、不登校、夫婦悪態、教育、ニート、ひきこもり、崩壊、子孫継承、相続、財産分与、介護、孤児、看取りで悩み苦しみ、

ある者は、仕事の問題、人間関係、能力問題、定職不安定、身体の低下で悩み苦しみ、
ある者は、病気の問題、不治の病、医療費、障害、介護、年齢による体力低下で悩み苦しみ、
ある者は、人間関係の問題、近隣間トラブル、疎遠、記憶力、定職不安定で悩み苦しみ、
ある者は、経済の問題、貧困、富豪、倒産、定職、不安定、サラ金、自己破産で悩み苦しみ、
ある者は、諸事である、戦争、移住、難民、留学、殺人、自殺で悩み苦しみ、
今、人は皆、過去のカルマを大きな袋に背負って生まれてきました。
背中に背負った袋を下ろし、中に入っているカルマや業や過去の過ちすべてを見て、解決をするために生まれてきたのですから逃げることはできません。
いいえ、対処して、解決して、因と陰を片付けるしかないのです。
今回は全員が集大成なのですから、大きな悩みも小さな悩みも降り注いで来ます。心をえぐられる悩みもあります。
ですが、今回の出生の意味、目的は全員過去の集大成なのですから、降り注ぐ悩みから逃げるのではなくそれを解決してください。

【1994年9月30日】準備をしよう《全集①》

天変地変の始まる時が来た。もうそろそろ非常食の準備が必要です。

今年は水不足。でも、これからは地震や津波が襲い、日本の一部や世界の国々も、水で沈んで

しまう場所がある。

温暖化で木が枯れ、火事が起こり、土が割れ、地震が起き、水不足と洪水が代わる代わる起こって来る。そして、温暖なのに砂漠には雪や雹《ひょう》が降る。

核兵器保有の多い国から順に、地震や洪水の被害が襲って来る。

日本は輸入が減り空腹になる。若者は目的を失い、意欲が減退する。

輸入にこだわらず、自国の土地で作った物を食べること。

自給自足する日がそこまで来ている。

【1994年10月21日】2度目のオリンピックの頃《全集①》

今はなにもない穏やかな日本ですが、日本も世界も大きな岐路に立っています。

日本は四季があり、経済も安定しているようにみえます。

日本での1度目のオリンピックから30年が経過し、2度目のオリンピックの開幕を迎える頃の日本は大きく変化しています。

経済・健康・政治に大きな変化が見られます。

30年に1度のような大きな台風・大きな地震・大きな津波が頻繁に起こります。

自殺・殺人も複雑で辛い犯罪が増えています。

心が荒れてきます。健やかなる心が大切です。

【1994年12月10日】日本の土地を買収する外国人

外国人に土地所有の規制がない日本。この法律がない限り日本には無制限に人が入ってくる。外国資本によって日本は乗っ取られていく。危機は10年後の2004年頃から訪れる。ダムが決壊して濁流が流れるがごとく外国人が日本の土地を買う。特に水源地や森林地帯を中国人に買われる。

【1995年1月4日】近畿地方の地震予告《全集①》

起きなさい。

地震が起こる。足元で地が動く。大きな地震が起きる。

※阪神・淡路大震災が発生した。（1995年1月17日）

【1995年10月4日】松の木が土地の毒素を浄化する《全集①》

木を切ると、ダラダラと樹液が出る。樹液は〝木の血液〟生きている証。

松の木は土地の毒を吸う。土地の毒素は松が吸い上げ、浄化して良い酸素だけを空気中に飛ばす。

松の木が枯れると土地の浄化力が弱り、他の樹木にも影響していく。

大量の松に虫が入り日本の至るところで松が枯れている。

これは決して虫が悪いのではなく、虫が繁殖しやすい温度と、湿気が出来たことと、土地が痩せてきたことに原因がある。

人間の心がすさんできたために松が枯れ始めた。

【1996年3月10日】空の雲が大きく高くなっている《全集①》

今、空の雲が少しずつ大きく、高くなっている。

雨が降り始めると大量の雨を降らせて止まなくなる。上空で大きく雲が発達し、その雲から大量の雨が降る。

今から約30年〜50年で北極の氷が溶けて40㎝水位が上がり、日本でも浸水場所がある。

そして、そのまま温暖化が進めば、100年後の日本は、自給自足で7000人ほどの食料分しか賄えなくなる。

今から、どれだけ多くの人が自給自足を考え、田畑を耕すかが大きな分岐点となる。

自家製の種を育てよう。

【1996年5月6日】中国が世界で最後まで残る（23：22）

世界中の人口が減少していく中で最後まで残る国は中国。

現在の中国は人口削減策として一人っ子政策中で計画生育政策を取っていますが、一人っ子政策が終了する頃の中国は大きく変わり、世界をリードしています。

中国は世界一の経済大国となりアメリカを抜く。量子科学衛星にも成功し通信システムを構築する。

メタンハイドレード採掘にも成功する。また体内にて遺伝子組み換えにも成功し、頭脳明晰で知力、能力の優れた子どもばかりを産み出していく。コンピュータの開発でも世界一となる。

毛沢東の言葉を借りれば「敵が持っているものはわれわれも必要だ。敵が持っていないものもわれわれは必要だ」中国が戦争を引き起こさないことを切に願う。

【1996年5月24日】地球が危機《全集①》

ヌーが死ぬと地球の終わりが近づく。

ヌー・亀・ヘビ・カエルは淡水でも海水でも生きられる。

今後、日本もイナゴや蚊のウイルスで悩まされる。

地球を滅ぼすものは核兵器・悪性ウイルス・水不足・食糧に苦しみ生活の場が無くなること。

地球が温暖になり、多くの国が水没する。

【1997年7月9日】日本の砂浜が消える《全集①》

昔、砂漠を見たことがある。今世もまた、海が砂を運び地上を覆うのか。

でも……、その前に、日本周辺の砂は1度海に還る。

日本の海岸から砂浜が減る日もそんなに遠くない。海の流れが変わり、段々と日本の砂浜が消えていく。

これより先、著しい海の温度変化（ハリケーン・津波・海底の流れ）によって砂が地球の中心深くに落ちていきます。

海辺にあった砂は深海に運ばれ、海辺の砂はこれより先、年ごとに減少し、今のままでは船も深海に落ちてしまいます。

砂に伴い、湖の水も深海に引き込まれ、空池になる湖もあります。

これより先、波動の高い白い砂（水晶）の利用が増えます。

【1997年7月24日】富士山の氷室《全集①》

不二（富士）の氷室はまだ、しっかりしています。氷室が溶けないかぎり富士山の爆発は起こりません。

不二の氷室は富士山や周囲の山々のバランスをとっています。

日本にも世界にも無数の氷室があり、マグマの調整をしています。

氷室が溶けると土や岩が落ち込み、大きな池が出来ます。

氷室から池が生まれ、今ある池の3個は水が無くなります。

【1997年9月4日】2000年から地震が起こる《全集①》

これから先、大小の地震が起き、多くの毛布が必要。多くの死体を巻くゴザが必要です。とても悲しみが多く、人々は生きる望みが無くなります……。

先見をするには大きな覚悟が必要です。ただ、面白半分に伝えると世界は混乱し戸惑い、苦しみます。

【1997年12月9日】2011年ごろから《全集①》

地球は風船号に変化します。風船は膨張しすぎると破裂します。そのために風船に水を入れます。

ここで風船のイメージをして下さい。風船に水を入れると下に垂れ、微妙にごろごろと転び振動します。

水を入れた地球がごろごろ動きますと竜巻や台風や水害が起こります。

地球は水害の影響で経済は落ち込み・株の暴落があります。

官僚の見落としや改ざんも裏からブクブクと泡が出ます。政治関係者は事業経費のずさんさや横領などの不祥事が次々と暴露されます。

そのため、人々は不信感を抱きます。何が正で何が負なのか分からなくなってしまいます。

そんな不信の中に光る星は宇宙に無数に見える星です。

来年は雨が多く空は曇っていますが、もう少し進んで雲や雨の向こうの満天の星や宇宙を見ましょう。

来年は女性の年です。

額にかかる前髪を上げましょう。額を出すことで新しい年が開けます

【1997年12月17日】テレビとコンピューターゲーム《全集①》

日本のアニメが世界を動かしていきます。世界中の大人も子どもも共に漫画を読みます。

しかし恐ろしいことはアニメを使った悪が動くということ。アニメの進化とともに悪知恵も働きます。

ゲームソフトの電波やテレビの電波をキャッチし、どこで、誰が、何をしているのか、随時、見張られて監視される時が来ます。

コンピューターゲームから人間のあらゆる情報が乗っ取られる時代が来ます。

1回目のテストは、アニメのピカチュウの映像から強い電波が飛んで、多くの子どもが意識を失うことから始まりました。

【1997年12月25日】地下住居の準備《全集①》

毒ガスの分析をして下さい。特に地下に貯まるガスの分析と研究をして下さい。

人間が地下で生活する、素敵な街があります。オーストラリアの砂漠にあるグレートビクトリア砂漠の東方にあるクーバーペディです。人々は地上に住まわず、地下に住んでいます。

今、日本の土は汚れています。氾濫するガスや電気や水性ガス。

今、日本も世界も爆発の危機に、生命の危機に直面しています。人間を地下で住めるようにしてあげて下さい。

土の中は全ての物を守り育てます。水と土壌さえしっかりしていれば緊急時でも沢山の人を救えます。

【1998年1月18日】1000年間の過去からの結果《全集①》

人が望もうと望まないと真理は動きます。

世界100万の種子の中で、13人が今後起こるであろう未来を知っています。

科学者、医者、代議員、研究者、会社員、無職、主婦……、職業も男女も関係なく未来をキャッチしています。

この人たちは互いに会うことも意見を交換することもありません。ただ、地球上で今後起こりうる未来を先見しています。

しかし、ビクビクする必要はありません。先見が全てではないからです。

全人類の心がけで何事も何度も変化するからです。

地球は、1998年から2028年で大きく変化します。

地球の変動・移動期と言えます。地球の30年が3億年の動き方をします。

突然襲う、気候変化や経済低迷やウイルス感染……、今までの人間が犯して来た数々の結果が表面化してきます。

今までの行いを逆から見る時が来たのです。そう、水精《すいしょう》（水晶）を通して見るかのように、100年間の過去の結果を誰もが見なくてはいけません。

【1999年1月2日】富士の山《全集①》

新年早々なので、富士の話。

一富士、二鷹、三茄子《なすび》の説は沢山ありますが、一富士は…日本一高い山、日本の象徴、無事。

二鷹……賢い、強い、高く飛ぶ。三茄子……成す、花が咲けば必ず実を結ぶ、とあります。

しかし、日本の象徴の富士の山が山体崩壊の危機に直面しています。

今、みなさんが見ている富士の山は若い火山です。

1万3500年ほど昔から現在までほぼ同じ形態をとっています。

富士の山の南東には、愛鷹《あしたか》山という山があり、富士山と愛鷹山は噴火しては大きさを競い合っていましたが、富士の山の噴火で愛鷹山を包む形になってしまいました。

富士の山は氷河が綺麗で夏でも雪が消えない山でした。氷河で、決して人間を頂きにのせることはなかった。富士山を世界遺産に登録したいと声が上がっているのですが、富士の山は登る山ではなく日本の温度バランスをとるバランスタワーとも言えます。

富士の山の氷河が溶けると火山活動が活発になります。富士の山に氷河がある頃、箱根の山は噴火していました。

箱根の山の噴煙は白、富士の山は褐色で、西は今の京都、東は今の福島からも箱根の山と富士の山の噴火が見えていました。煙で見分けがつきました。

今でも調査をすれば火山灰から噴火の大きさがわかります。富士の山の噴火はすごく、山体崩壊が起きた。

今、再び山体崩壊の危機がきています。

箱根の山に白い煙が上がり始めたら気をつけましょう。富士の山に山体崩壊が起きると東京都・埼玉県・千葉県の首都圏が……。

【1999年3月14日】メタンハイドレート《全集①》

日本の近海には大量のメタンハイドレートがあります。

メタンガスと水分が混じった物質で深海の冷たい場所に有るためにシャーベット状になってい

ます。

日本は資源の無い国と言われていますが、日本近海に今は気がついていない宝がいっぱいあります。

日本は玉手箱の上に乗っています。

日本が輸入に頼っている天然ガスは、運搬するために液体に冷却されタンカー船で運ばれてくるので、輸入費用と冷却費用がかかりますが、メタンハイドレートは輸入も冷却のための費用も皆無です。

メタンハイドレートは日本の近海にあり、その量は1000ヶ所にも埋蔵されているので皆さんが使える量は確保できます。排他的経済水域に有りますので、日本が独自で採掘しても大丈夫です。

【1999年6月5日】メタンハイドレート

本日、高知新聞に日本の新しい資源、の記事を載せました。

まだ日本では、メタンハイドレートの研究機関は無く、誰も興味がありません。

ですから、10年、20年と研究に年月はかかりますが、必ずや原

子力発電に代わり日本のエネルギーとなります。メタンハイドレートは日本の資源となり供給が可能になります。

小川雅弘さん（村中愛の共著者、アースキーパークリスタル協会会長）、あなたがメタンハイドレートを掘りなさい。会社を作り、最高の人材を集めて研究し、日本の力になるのです。高知沖には大量のメタンハイドレートがあります。高知市の南西方面です。

愛さん、今この新聞を小川さんに渡しても捨ててしまいますから、小川さんが必要と思うまで預かっていてください。必ず渡す日が来ますので持っていてください。

メタンハイドレートは未来の資源です！

【2000年4月1日】備蓄は人数×200日《全集②》

インドプレートとオーストラリアプレートが少し動くと、マダガスカル島やオーストラリア島や南極大陸が揺れてしまいます。インド大陸とオーストラリア大陸は、もともと東ゴンドワナ大陸として1つのものでしたが、長い年月で北上し、ユーラシアプレート大陸部分に激突して今の場所に固定されましたが、地球の変化は止まることなく動いています。

日本は地震大国です。

日本は本来、3階建て以上の家を建ててはいけないのですが、東京、大阪、横浜、神戸、川崎、名古屋などの高層ビル群、100m以上の超高層ビルが並んでいます。

精密な計算で倒れることは無いといわれていますが、地震でエベレーターが止まれば、高層階で火事が起きたらと不安を隠せません。

今の日本人は、日常に何もないまま生まれ、何もないまま死んでいくと信じていますが、地震はニキビと同じで場所を選ばず噴出してきます。震度3や震度4は普通のことで、震度7から震度11まで今後起こります。

今、あなた達が自由に行き来している高速道路も1ヶ月間車の往来が無ければ草が生えます。

2ヶ月間車の往来が無ければ雑木や外来種の木が生え10㎝から20㎝の高さまで伸びます。

3ヶ月間経過すると伐採しないと高速道路を走ることはできなくなります。

半年が経過すると〝高速道路〟は機能しません。日本全国の高速道路が機能しなくなれば、今は100キロを1時間で走行できても、100キロを1日かけて移動することになります。

日本全国、至るところで道路が分断された場合、誰が助けに来てくれるのでしょうか。

東京を中心に直下型地震が起こった場合は人命救助を優先します。人命救助もせず、道路を修復することはありえません。一体誰が食べ物を運んでくれるのでしょうか。自衛隊ですか、運送業者でしょうか。

誰も運んで来てくれません。

コンビニがあるから買いにいけばいいと思うのはやめましょう。コンビニの在庫は1日で空っぽになってしまいます。最低の備蓄は人数×200日です。

水1人2ℓ×200日、米1人2合（約300g）×200日です。

震災で困るのは電気が止まること、ガスが使えないこと、水が飲めないこと、全てに対応できる準備が必要です。できるなら1年間分の備蓄が必要です。

【2000年4月9日】『空の雲が…』メッセージを考える　私の考え

このメッセージはよく覚えています。短い文章ですが大事だからメモしなさいといわれ記録しました。このメッセージは裏メッセージとして私は保存しました。

①今、空の雲が少しずつ大きく、高くなっている。
②雨が降り始めると大量の雨を降らせ止まらなくなる。
③上空で大きく雲が発達し、その雲から大量の雨が降る。
④今から約30年～50年で北極の氷が溶け40㎝水位が上がり、日本でも浸水場所がある。
⑤温暖化が進めば100年後に日本の人口は自給自足で7000人ほどの食料分しか賄えなくなる。
⑥多くの人が自給自足を考え、田畑を耕すかが大きな分岐点となる。
⑦自家製の種を育てよう。

①と③は同じですが、②はすでに現在起こっています。④このメッセージは23年前のメッセージですが今、確実に北極の氷が溶けて水位は上がっています。太平洋を中心とした島々は水没の

危機があります。

①⑥⑦は何度も何度も繰り返し話されました。自給自足して満足に食べられる人数は7000人です。

現在の日本の人口は1億2600万人です、7000人というのは間違いではないですか。信じられない数字になっているのですが……と小川さんに何度も聞かれましたが、間違いではなく、魚・肉・米・野菜などバランスよく食べられる人の数は7000人と聞いています。

だから、自家製の種を取りなさい。風土にあった種を取り続けなさい。自家製の種を保存しないと種も自由に手に入らなくなる。法律で種を買うことすら規制されると言われています。

【2000年12月24日】2020年までに原子炉を全て停止《全集②》

私たちが地球にコンタクトする本当の理由は何だろうか。

地球は全て灰になって消え去るのか。そんなに簡単に地球が消えてほしくない。

日本の原発を全て停止して、世界の全ての核を2020年までに処理できたら地球は覚醒する。

どんなに遅くても、2025年までに全ての原子力発電所が消えていたら救われる。

2025年までに世界の原子力発電所が全て廃炉になっていたら地球は新たな地球となって生まれ変わるだろう。

日本が自ら大きな声を出して「原子力発電所をやめるから核兵器を作るのはやめよう」と言い

切る。

そして実行する。

2020年までに全て停止しないと他国には何も言えない。

大変だろうが、やって見せなくては終わらない。もんじゅにどんなに投資しても何も生まれないのと同じである。原子力発電所を閉じたなら日本も世界も、まだ生き残れる。

戦後、金に走った日本人が貧乏覚悟で原子力発電所を作った。

第二次世界大戦から70~75年後、第三次世界大戦が勃発する。

火種はアメリカとアジア圏の小さな国が引き金だが、本来はヨーロッパ圏。

第一次世界大戦は1870年産業革命が生産過剰状態になり経済不況に陥った。この経済不況は世界に広がり植民地支配に拡大した。アフリカは標的になり、リベリアとエチオピア以外はヨーロッパ各国の植民地となった。この植民地獲得競争が何度も繰り返され、イギリス・フランス・ロシアの三国協商とドイツ・オートリア・イタリアの三国同盟で争った。そんなさなかオーストリアハンガリー帝国の皇太子夫妻が暗殺され1発の鉄砲を打ったことから第一次世界大戦は始まった。

第二次世界大戦前、日本は朝鮮や台湾・中国の北部を支配していた。そして、中国全土を支配しようと戦争を始めたところへアメリカやイギリスの強国が入ってきたために大戦争になってしまった。

1938年イギリス・フランス・イタリア・ドイツがミュンヘン会談を開き、その会談に当事国のチェコスロヴァキアやソ連が招かれず、その後の外交から亀裂が始まり、ドイツ（ナチス）の無謀な領土要求とチェコスロヴァキアの犠牲により戦争を回避しようとしたが失敗し第二次世界大戦が始まった。

第三次世界大戦は第一次、第二次世界大戦のヨーロッパ圏から始まる可能性が高く、ロシア・アメリカも大きな影響力を持つ。

【2001年5月10日】珊瑚が白化《全集②》

温暖化と台風の動きから日本の太平洋側珊瑚の白化が起こります。

満月の夜に産卵する珊瑚は植物ではなく、動物です。

動物なのに珊瑚は動くことも移動することも出来ません。環境が変化し悪化すると死んでしまう海の森林とも言われる珊瑚が危機に瀕しています。

これまで生態系のバランスが保たれていた日本ですが、今後温暖化や台風の発生する場所の変動で西日本の珊瑚が白化しその後死滅してしまいます。

森林と同じように二酸化炭素を取り込み、酸素を作り出す珊瑚が白化することで海の生態系が大きくバランスを壊し、プランクトンも急激に死滅してしまいます。

【2001年8月17日】積乱雲と大量の雨《全集②》

大量の雨が降ります。温暖化の影響を受け、大量の雨が降ります。

これから10年間がとても大切です。

今なら間に合います。

今なら北極の氷が完全に溶けていません。ですが……、このまま北極の氷が溶けると地球は住めなくなります。

今なら1時間の最高降水量は50～80㎜でしょう。ですがこのまま温暖化が進めば15年後には1時間で100～150㎜の雨が降ります。そしてそのまま温暖化が進めば、200～300㎜の大量の雨が降ります。

雲の大きさを調べてください。

地下鉄や地下店舗は雨が流れ入って来ますのでご用心、ご用心!!

【2002年2月26日】核廃棄物処理

日本政府はプルトニウム公害、核廃棄物の処理方法の答えを持っていないのに、作り続けています。大きな災害が予想されますが残処理はどうするのでしょうか！

海にも流せない、天にも投げられない、土地にも埋められない。

【2002年4月17日】第二次世界大戦は科学戦争の始まりだった《全集②》

1939年9月、ドイツ軍がポーランドへ侵攻したことで第二次世界大戦が始まった。ジェット戦闘機にコードネームが付けられた大陸間弾道弾や原爆は、ドイツの物理学者の力で既に出来上がっていた。コンピューターやレーダーが、欧米を中心とした各国では研究され大きな成果を上げていた。

ヒトラーは人工衛星も宇宙ステーションの計画も全て承知の上で承認サインを書いていた。

第二次世界大戦はもう長刀や竹やりの時ではなく科学戦争の始まりだった。

【2002年5月2日】地球の温度　個人的に聞いたこと（22：16）

村中「温暖化になるとどうなるのですか？」

メシアメジャー「地球の温度が上がるとどうなるか…」

地球表面温度が、10年で0・2度の割合で上がっていくと、約12000年前の氷河期が終わった頃よりも暑くなります。北半球の氷や雪が溶け地面が出ることで太陽光の吸収が増えます。

あと、2~3度上昇すると海面が今より25メートル高くなります。すると水蒸気が増え特定された場所で大量の雨が降るようになります。

【2002年7月23日】高い放射能数値

日本では異常に高い放射能数値が出ています。野菜や野草や野花や果樹からも高い数値が出ています。

果樹の葉や小動物には奇形がたくさん見つかっています。

日本の未来、子どもは口頭ガンや白血病患者が続出しています。

【2002年8月4日】日本はプルトニウム保持国世界一

日本はプルトニウム保持国世界一だ。

核軍事大国家として、核兵器製造に邁進するのではないかと世界から恐れられている。

核兵器製造に邁進すれば日本はアジアからも世界からも完全に孤立する。

【2002年9月27日】原子力は〝平和〟理念《全集②》

日本はアメリカに戦争で負けました。皆さん知っています。では、原子力は戦後のアメリカ戦略から生まれたことはご存知でしょうか。

原子力は〝平和利用〟とうたわれていることをご存知でしょうか。

〝平和利用〟の名で原発を導入しましたが、原子力は本当に〝平和利用〟だと皆さんはお考えでしょうか。平和という名がついているので平和と思っているだけです。戦前の日本にとって旧ソ連とアメリカは敵国でした。戦争に負けた日本では原子力は安全で国民を平和にする大きな役割を担うものと教え込まれました。

原子力を軍事的利用に使うことのないように、原子力を軍事的利用にしない、防止するために国際原子力機関＝ＩＡＥＡが生まれたのは１９５７年で45年前です。

１００年経過しても廃棄出来ない原子力は本当に平和的利用に使われるのでしょうか。

戦後の日本１００年目に喉頭癌や皮膚癌の患者が胃がんや肝臓がんの患者数より増えていないことを祈ります。

【２００３年1月10日】南極の氷《全集②》

南極の氷の亀裂が始まり、亀裂から崩壊が始まりました。温暖化対策が急務です。

大陸規模の南極の氷が急激に溶けています。氷で覆われて見えないのですが水面下の氷が溶けています。南極の氷をサンドイッチに例えると、上下のパンはありますが、中のハムや野菜部分が溶けて抜けた状態になっています。中が中州状態と言えます。何度も言いますが、氷サンドの中心が溶け、穴の開いた氷の空洞に海水が入り込み急激に中央と下の部分が溶けています。先端の棚氷部分が急速に溶けています。

このまま温暖化が進めば、南極の氷に大きな大きな亀裂が入り、２１００年には水位が13㎝上がり、多くの場所が水害で苦しみます。

森林を壊してはいけません。日本は人口灯で、夜に光を放ってはいけません。アスファルトを敷き詰めてはいけません。

宇宙から見た日本は、昼間のように明るく、24時間電気が消えることがありません。宇宙から見た日本の地形はハッキリと見えます。

【2004年3月18日】プロトン現象

2038年問題では地球地表上では、〝大規模なシステム不具合に要注意〟であるのと同時に、太陽近傍でコロナ物質の放出によって加速される大規模なプロトン現象は、太陽から送信されて来る宇宙光線と陽子が持つエネルギーの地球磁場の影響で、人工衛星などの宇宙機の誤差動作や故障を引き起こす。

だが地球人は考える。これを回避する法則を。

7000年前に起きた大規模なプロトン現象を再び起こさないように努めてもらいたいものです。

【2004年8月2日】学者予想の日本人数《全集②》

今から10年が経過した日本を想像すると恐怖を覚えます。

だれも、どなたも、未来永劫このまま地球があると考えています。

日本にも世界にも黙示録・預言書がたくさん残っています。でも、世界の変化を正しく捉えている人が少ないです。今は1億2千万人以上の人間が日本にいます。２０１４年では大幅な減少は無いと思いますが、日本の学者は２０３０年になると1億1千万人を切ると予想しています。これは予想です。

何も起こらない、世界が安泰と仮定した人数です。第三次世界大戦が起こっても、災害が起きても人数は減ります。２０２４年戦後生まれの方々が亡くなると人数が減ります。輸入が止まったら餓死して日本人は減ります。主食を自ら作らない国は滅びます。

【２００6年10月16日】氷河期が来る《全集②》

人は誰も地球温暖化が原因で多くの国が海に沈むと思っています。

２００８年、日本で開催されるサミットでも温暖化問題が中心になります。

でも、本当の問題は温暖化なのだろうか……。

２０２３年、地球は大きな局面に向かいます。

地球の温暖気候は一転し、寒冷化し氷河期に突入する予兆が出て来ます。

地球は赤道付近の低緯度地方で温められた海水が、地球の自転作用によって発生した大きな潮流によって高緯度地方、つまり北極地方と南極地方へ熱を運びます。

高緯度地方で熱を放出し、冷えて比重が増した海水は海底へと沈み込み、再び低緯度地方に向かい反転しながら流れ出します。

海水は熱を低緯度から高緯度へ、再び低緯度へと循環しているのです。

しかし、地球が温暖になったことで、北極の氷冠は年々溶け出し海に流れ出しました。また、氷でせき止められていた湖の淡水が海に大量に放出するので海流の流れが急激に弱くなっています。氷や雪解けの真水によって低緯度地方から流れて来た海水の濃度が薄まり比重が低下し、ついに沈み込む力が消えてしまう。

北大西洋の塩分濃度は過去40年前から低下し、熱塩循環の崩壊と海流の循環が止まることにより、再び極地の冷却が始まります。

こうして広がりはじめた両極の氷床は太陽光を反射し地球を覆うでしょう。

宇宙も見てみよう。

膨張する灼熱の初期宇宙、1秒の1000億分の1の短時間で宇宙空間は急膨張し、未知エネルギーが作動します。現在の宇宙構造になる前、ビッグバン前の灼熱超急膨張期も宇宙全体が灼熱し、その後、冷えました。

宇宙は暗黒物質で充満し、全てに対し引っ張る力と戻す遠心力で釣り合って回転しています。

地球の風も赤道を中心に西に吹く貿易風と東に吹く偏西風。そして赤道を挟んで暖流と寒流の潮の流れ。つまり、全てが陰陽（引用）で構成されているのです。

温暖、次は寒気、これは循環なのです。

生き延びるための食料と水。

生きるための地下都市と暖房設備。

今、もっとも気がかりな点は温暖化を訴えるために、皆の心が温暖対策ばかりに心が注がれ暖房器具やダウンジャケット、毛皮をゴミに捨てていること。

このままでは遅くとも100年後には寒冷化で人間は凍えることになります。

【2006年12月12日】温暖化から寒冷化への移行《全集②》

このまま、温暖化が進めば……。

人々の話では、

「数日間で氷河期に突入」

「高緯度地方の国々では対応が間に合わないまま急激な気候変動に襲われ死ぬ」と思われているが、氷河期は数日間で来るものでもない。

ただ、長期間まだ時間があるというのでもない。

2023年までは確実に温暖化ではあるが、それ以降に氷河期がやって来ると、今は書きとめておこう。

今、2006年。やがて氷河期の前兆としてこれから砂漠に雹や雪が降る。

世界のいたるところで浸水が起こり、川には自然ダムができ、水が人々や家屋や土地を流し、覆いつくすだろう。

雨は雷を呼び、地震・雷・火事がいたるところで起き人々を恐怖に陥れる。

氷河期に対する事前準備が国家的レベルで行なわれない限り、環境の変化に対応する間もなく、悲惨な状態に追い込まれる。

温暖化対策ばかりを議論している国は滅んでしまう。

ヨーロッパ

寒冷化により、首都圏の交通は止まる。水害あり。

平均気温は3度まで低下。

ヨーロッパは厳しい寒冷と温暖で人は体温調整が出来なくなる。今から皮膚を出さないように子どもにも教えなくてはいけない。

ロシア連邦

北朝鮮と裏取引で核兵器やミサイル開発に取組んでいる。

アメリカ合衆国

今も同じだが、核エネルギーや中東の石油資源を確保しようとする。

アメリカは石油を掘り当てる。

今までの大統領と異なり特異性のある大統領が誕生して変化をもたらす。

中国

人口過多で中国は人の把握が出来ない。そのために子どもの出産に政府が意見を出す。だが30年後、子供を失った親の嘆きで国が乱れる。

水不足から中国はあらゆる国の水源を買い占める。

中国は金と金で世界を買う動きに出る。中国は衰退してゆくが最後まで滅びない。

イギリス

金銭が一部の心無い言葉から大きな問題となる。金銭の衰退が起こる。

アマゾンの森

２０２５年から２０５０年、温暖と伐採が原因で森林が広範囲消滅。大量に木を切ってしまうことでアマゾンの森林が無くなってしまう。

北朝鮮

拉致問題は一向に進まず、親の嘆きは届かない。

次の総書記になる者に帝王学を教えている。

フランス

失業者が増える中、フランスは移住民を受け入れるのか。

【２００７年10月19日】戦争の傷跡《全集③》

原子爆弾の一瞬の光で14万人の尊い命がなくなりました。傷を負った方は数え切れません。戦争の悲惨さを考えると心が痛みます。

戦争にどちらの国が悪いといったことはありません。戦争は両国が犯した罪なのですから。

しかし、日本の真珠湾攻撃という卑劣な行為が発端になったことは事実です。

日本の科学者が一般のアメリカ人を殺すべく恐ろしい人体実験や爆弾の開発、核兵器の開発に力を注いだことも許されることではありません。

日本は原子爆弾が落とされたことがきっかけで敗戦を迎えましたが、人体実験・爆弾の開発・核兵器の開発に力を注いでいたことはアメリカと同じです。

それをひた隠しにしているのも事実です。

アメリカが実際投下したのですが同じような実験をしていたのも事実です。日本に物資があれば、日本が先に投下していたでしょう。

お国のために戦った兵隊さん。お国のために命を捧げた兵隊さんの無念が分かりますか？

戦争に行ったことで、何の面識も無い人を殺さなくてはいけなかった兵隊さんの思いが分かりますか。戦争から帰ってきて20年たっても30年たっても心に人を殺した罪意識が残っている人は沢山います。

今まで側にいて会話していた友人の兵隊さんが突然死ぬ恐怖に、怖さに今も心が病んでいる事実をしっかり全ての人が認識すべきだと言いたい。

アメリカも日本もお互い同じ過ちを犯したのですから、双方が詫びなくてはいけない。残虐な行為を日本人もしたのだから子どもたちに戦争を美化することなく事実を伝えるべきである。

【2008年1月1日】2008年から《全集③》

２００６年10月17日から２００８年８月17日までを石に例えると〃水晶現象〃と言える。

水晶現象とは……、水晶は物事を反対に写し出す働きがあり、そのために内部や部下から告発問題が多発。

そして、今年２００８年８年18日から２０１２年12月21日まではカルサイト（別名・方解石）現象が起こる。

カルサイト・方解石現象とは……、物事は乱反射し世界的にも混迷。

何が正しいのか、誰の意見が正確なのか分からなくなる。また、自分の発した小さな言葉が大きな問題になり、言葉ひとつで誤解を受ける。人の意見も正しく聞けない。

光の乱反射が起こり、災害が多発し、地震や水の災害が発生する。

一白水星の年なので水の被害が多く現れ、地震には水が伴い、大きな水溜りが出来る。

悪くなると、隕石の落下もある……。

今年のメッセージは……、

花は咲く

川は踊る

山は鼓動
空は唸る。

花は咲く↓花は例年同様、野原に咲く。

川は踊る↓川は大水でふくれ、せき止められ池が出来る。

地震で山津波、ハリケーン、台風で水の道が出来、大蛇行の川が出来る。

山は鼓動↓前半（7月まで）日本もアジア圏で地震が起き揺れる。

後半は日本もヨーロッパ圏も揺れる。

空は唸る↓飛行機が落下炎上。

雨、雷、雪、雹、空が騒ぎ暴れる。熱帯砂漠に雪が降る。

悪くなれば、隕石落下。

宇宙では、1月25日にビックバンが起こる。

２０１２年12月22日から太陽圏内の星々の動きが活発化され、世界では森林の伐採が進んで行きます。

２０１３年、14年、15年あたりから地球は大きく変動。

２０２３年には水戦争。薬害被害、人工ウイルス。

２０４３年ごろからブラジルのアマゾンの森林が消えるでしょう。

温暖化で熱帯植物しか育たないアマゾンに突発的に起こる寒気。ただし、早期に温暖化が止まればある程度は阻止出来る。

人々は温暖化を意識していますが、温暖化よりも生命の危機は氷河期です。フロンによって温められた地球枠を破り宇宙から冷気が流れて来るでしょう。山津波で川が氾濫し池が出来るように、地球枠に溜まった熱を冷やす力と、氷河や雪解け水で海水の塩分が薄まり、潮の流れが弱まります。

そのために2050年、60年あたりから氷河期が再び訪れるでしょう。

でも、温暖化の手立てを打てば人類は全て滅亡しません。

地球の時間は、誰もが感知できるほどに、急激に加速し時間についていけない人もいます。

2008年、2009年で、霊界に滞在する者たちが75～78％入れ替わり、50％は光に戻り、25～28％は新たな命で人間界に誕生し、25～22％はそのまま霊界に留まります。

霊界移動のために、新たな命の誕生を迎えます。

多くの人が固まった場所で急激に亡くなり悲しむこととなります。地震災害・水害が襲います。

突発的な事故で一斉に亡くなります。

今年の注意事項は、常時、水の確保。2リットルのペットボトル3本を家のキッチンに設置。

今後のことを考え井戸を掘り、寒冷化のために暖炉の確保。

ねずみは潜在的な霊的能力があり、水害の前兆時には必ず大移動を起こす。ねずみの動きや自然界の動きに注意する。

【２００８年１月３日】日本のエネルギー《全集③》

日本にも最高のエネルギー資源があります。そうです、メタン・ハイドレートです。千の手を持つ方にも１９９９年にお伝えしました。日本海側の採掘は大変な苦労を要しますが、太平洋側には大量のメタン・ハイドレートがあります。減圧法の工夫でかなりの確率で実現化出来ます。とても大きな資源です。

【２００８年６月６日】中国が最終的に世界一になる

現在の中国は、経済も環境も教育もまだ世界の水準以下ですが、中国の膨大な労働力と安い人件費は大きな力を生み出して行きます。そして食品の衛生面も世界の水準からみたら不安定ですが、国が打ち出す３～４兆元の景気向上に使うお金は成長の大きな後ろだてになります。そして中国を大きく発展させるのはコンピュータ関連で、世界に進出して行きます。日本国内で中国人はコンビニやレストランなどに入り込み、隅々の情報を奪い取って行きます。

【２００８年７月16日】メッセージや古文書を読み解く《全集③》

覚えていますか……富士山の噴火のメッセージ。

富士山が危ない。日本の象徴の富士山が噴火の危機にある。富士山の側には無数の高速道路が見えるが高速道路の下にはマグマ脈が見えると伝えたことを。

１９８７年３月１日の初めてのメッセージは【富士山】についてお伝えしました。私たちはあなたに初コンタクトしました。メッセージを送ると、空を見たり後ろを見たり、心の中に入って来たメッセージに気づかなかったのでここで再度お伝えします。

本は大事です。本は記録として残ります。今後、日本も世界もコンピュータが普及して地球の裏に居ても日本の情報が瞬時に伝わりますが、それも止まる時があります。その時、過去の記憶を紐解くものは、古文書や今書いているメッセージが重要な資料となります。

地震は繰り返すので古文書も読んでください。

ほんの数年の、１００年前のデータを見る前に古文書を読んでください。

答えは古文書にあります！

【２００８年８月８日】日本人、早急になすべきこと①　出てきたメッセージ

日本人男性は電車に乗り、会社に行き、汗水流し働いていることで妻や子供、家族を養っていると思っているのは大きな間違いです。

日本は危機です。日本も世界中の貧国も自給自足できない国は食料難で滅びます。

日本の東京には畑はほとんど見られません。47都道府県の中で自給自足をテーマに農作業している県はありません。開発とは何か？　しっかり考えましょう。

家族が１年分食べる食料を作ることが大事です。自給自足しなくては生きていけません。

自分の農園持っていますか？　トマトやナスやキュウリも自作の物を食べていますか？

スイカやトウモロコシ、ジャガイモも自宅の畑の物を収穫して食べていますか？

庭には放し飼いのニワトリとヤギがいますか？

野菜と果物を自家採種・自家栽培・自家採取しなければ生きていけない時代が来ます。

国は守ってくれません。

もう一度言います、国は国民一人ひとりを守ってくれません。食べ物は家族で作り、両隣3軒で分け与えて食べる時が来ます。必ず来ます。

【2008年8月15日】日本人、早急になすべきこと②

家を建てましょう、自分の力で家を建てます。自分で建てる家、お金を払うのではなく、自分の知恵と身体を使って建てる家です。

このまま気候変動や国際関係が悪化し、輸入に支障が出た場合、日本は持ちこたえるでしょうか？　100％輸入に頼っている日本が生き延びられるのでしょうか？　米も作れない・野菜も果物も作れない。家も建てられない、電気の配線もできない。魚も獲れないのに。

『自給力』がない国は滅びると何度もお伝えしてきました。

家も自分で建て、修理する。電気の配線も自分。車やバイク、自転車のパンク修理までします。

小船は自分でも作れます。釣りの道具も自分で作れます。畑や田んぼを拡大し、率先して自給自足しなければ間に合いません。

【2008年11月1日】秋でもないのにトンボが集団で飛ぶ年は……

《全集③》《身体の教科書／環境》

秋でもないのに群集してトンボが飛ぶ年は注意が必要です。

蚊が繁殖します。ウイルス菌を持っている蚊がいます。

台風が多発します。

雨・風が強く川は氾濫します。

風と風邪に注意が必要です。風は雨・雷・竜巻・突風を呼びます。

来年は風が運んで来る物で被害が出ます。

風が運んで来るものとして火事、ウイルス菌、鳥、トンボ、暴雨、台風。

山間部で火事が多発。風は火種を強くし、山火事は多くの自然形態を壊してしまいます。火が出れば、すばやく消火活動をして2次災害を防ぎましょう。

来年は火を一方向から消すのではなく、四方から包み込むような消火活動をしなければ火が踊り火が跳ねます。火事の現場では風向きに細心の注意が必要です。

ウイルスは、空気中の咳やクシャミが飛ばす麻疹、風疹、水ぼうそう、オタフク風邪など子どもたちの病気に注意をしましょう。早期発見、早期治療で子どもをウイルスから守りましょう。

来年の病気は高熱を伴います。高熱から髄膜炎や脳障害や死に至らないように細心の注意が必要です。

また、重症急性呼吸器症候群や飛沫核感染（空気感染）で風疹ウイルス・鳥ウイルス・インフルエンザ・ジフテリア・肺結核・発疹熱・麻疹・風疹・細菌性肺炎に気をつけましょう。

予防で200ccのぬるま湯に2gの岩塩を溶いてうがいをします。

トンボ、バッタ、蚊が繁殖します。ウイルス、菌を持っているトンボやバッタや蚊がいます。

台風後にトンボが増えた場合は注意が必要です。

新種ウイルスが生まれ、世界中に広がります。たくさんの方が死に至ります。

新種ウイルスの……。

2008年に引き続き2009年からは集中豪雨が起こります。山が崩れます。

山の麓に住む人は風が伴う豪雨に細心の注意をしながら、土砂崩れ、山崩れの危険性のある場所は事前チェックが必要です。

台風の接近に伴い沿岸の人は土嚢を事前準備しましょう。

今年の台風は強風を伴います。突風で被害がでます。

飛行機は突風であおられ、計器に注意して安全に留意しましょう。

目的地に降りる事も大事ですが2009年は安全策で引き返す勇気も必要。

無理な着陸態勢で事故に繋がります。

風と風邪に注意が必要です。風は雲、雨、雷を動かします。

【2008年12月15日】ポールシフト《全集③》

ポールシフトとは天体の自転に伴う極（自転軸）が何かの要因で今の位置から移動することをいいます。

現在、極端な移動も無く地球は穏やかですが、2017年秋から地球内で起きる可能性のある核の人工爆発・弾道ミサイルの影響で、地球の中心軸が2㎝移動する場合がありますので要注意。気になるのは、中心核の磁性変動で磁北が東に動いていること。

そのスピードが速まっています。

70キロのスピードで東に向いて移動すると、地球は〝嵐の中の小船〞状態になります。

冥王星のように横倒しになると地球は死の星となってしまいます。

ポールシフトそのものは実際に起こりうる現象ですが、赤い玉（太陽に似た物）が地球の赤道に落ちない限り、北が南になり、南が北になることはありえません。よって西から東に向かって太陽が昇ることはないのです。

南極と北極の磁場が反転し、未曾有の災害が起きて人類は滅亡するのではないかと言われていますが、映画の話題としては楽しいですが、現実社会ではありえません。人工で造らないかぎり南極と北極の磁場が反転することはありません。人工でも地球をひっくり返すものはありえません。飛んでも国が1～2個飛ぶ程度なので地球には影響しません。

先にも述べましたが大地震や大噴火で磁性変動が起こるのに、その上に心無い国が人工の物を造って1㎝、2㎝と中心核の磁性変動を起こすと地球がどうなるのか想像してみてください。

地球には核ミサイル、核爆弾、プルトニウムはいらないということも分かります。

私たちは、このメッセージが正しく日本人に伝わり、次に日本から世界に向け日本人が正しい方向性を打ち出すために送っています。

【2009年6月16日】海面水温上昇《全集③》

世界の海面水温が上がっています。今世紀に入り、20世紀の平均水温より約1度上がりました。

この1度の差は大きく、現在のままの上昇が続けば、2013年からは海面水温はウナギ登りに上がり、1000年分の氷河が溶け、多くの国に水害がおこります。水温上昇でエルニーニョ現象が追い討ちをかけ、地上には多くの集中豪雨が襲い、日本でも予期しない高地も浸水被害を受けてしまいます。

全世界、どこに集中豪雨が起きても不思議ではないほど空は変動し、雲が厚くなっています。

大型台風から超大型台風に変化して行きます。

930ヘクトパスカルから880ヘクトパスカルの大きな台風が発生します。

【2009年7月10日】今の地球を例えると更年期障害《全集③》

今、地球は大変な汗をかいています。女性特有の更年期障害と同じ状態で、突発的に来る頭部の大汗や脊髄の冷えのような状態を繰り返しています。

頭部の大汗は地球東部（東側）の集中豪雨、脊髄（赤道中心）の海面温度の低下や深海温度の冷却。

頭部の大汗は今後、大きな台風を作り、大雨とともに風速が60m／sを越え、中心気圧は900ヘクトパスカルを切り、880ヘクトパスカルの超大型台風が発生。風速66～88m／sのスーパー台風が発生する危険性は非常に高く、地球温度を3℃下げることが望まれます。

地球の更年期障害は早くて20年、遅ければ今後100年ほど続きます。

【2009年7月21日】時の始まりと時の終わり

これより先、珍しい深海魚が漂着してきます。今まで、見ることのなかった珍しい深海魚が、たびたび、地上に漂着してきます。

原因は地殻変動です。

相当な規模で地球の核が動き、返しが起きています。

天と地がひっくり返る前兆なのでしょうか。ある日、突然、ドドーン！　と地層が浮かび上がってきそうです。

何が起きるか予想できますか？

〝夜明け〟とは、抽象的なものではなく、前代未聞の銀河系宇宙時代へと入る前の〝夜明け〟なのですから、**〝時の始まりと時の終わり〟**なのです。

物質界、一般社会における常識、何から何まで、ことごとく変わる時代が来ます。

【2010年1月7日】《全集③》

2000年に伝えました、「富士山は不二といって地球の火熱を天に噴火させ放出させる呼氣。鳴門は海底に引き込む吸氣。日本の不二と鳴戸（鳴門）で深呼吸の役割を果たしている」

鳴門海峡の渦潮に変化が見られると富士山の噴火が間近に迫って来ます。鳴門は日本の腸にあたり、腸が活発に動かないと熱が出る。これは人間でも同じことです。便秘や下痢が体力を消耗するのと同じです。

1995年1月の阪神大震災の震源地は

鳴門に近かった。

【2010年9月11日】雷が1時間で2000個落ちてくる《全集③》

雨が降ると止まらなくなります。

これから先、そう遠くない未来に雷が1時間で2000から30000個も落ちてきます。

信じられないと思いますが、事実です。

地震と雷で火が出ます。

原因は積乱雲です。

【2010年12月15日】砂崩れの危険性《全集③》

地震や豪雨で斜面の土砂が崩れます。温暖化で水温が上昇しています。注意が必要です。

斜面崩壊は急斜面だけで起こるとは限りません。日本のあらゆる場所で土砂崩れの危険性があります。山の斜面に近い家は注意が必要です。数日で1000ミリの雨が降ります。

【2011年3月13日】東日本大震災《全集③》

大変なことが起こりました。

2011年3月11日、最大余震15時15分。

3回連続で地震が起こり、報道は一度の地震のように伝えられました。

大変悲しい時に悲しいお伝えになりますが……受けとめてください。

日本の海底はクモの糸を張り詰めたように無数の活断層があり、今後どこが跳ね上がっても、どこが沈下しても不思議ではない状態です。

いや、地球自体がひび割れ状態になっていると言っても過言ではないのです……。

福島第一原発から半径280km圏内での生活は無理でしょう。

最低でも280km圏内の住民には、東京電力と政府が30年間の生活保障を与えるべきです。

日本は幾たびの自然災害や人工災害にも打ち勝ってきました。

幾多の災害、戦争、2度の原爆、必ず日本は立ち上がりました。

でも、復興には時間とお金と人の力が必要です。

あきらめないでください。他人を悪く言わないでください。

たとえ、それが真実や事実から曲げられていても……。人がすることと人が言うことには、うそとごまかしがあります……。

ただ、真実と事実を一人ひとりが自分の目で見きわめて、ごまかされない、だまされないことが大事です。

報道が全てではありません。

ですが、報道の裏に隠された真実と事実があります。報道では言えない、言ってはいけない真実と事実もあるからです。

恐怖は無限に広がり、生きる力を衰退させます。

今は生きることです。手を取り合う時です。明日は必ず来ます。

【2011年11月11日】《全集③》

太陽電池を用いて太陽光を直接電力に交換し発電する方式であるソーラー発電ですが、3・11の震災後で終わってしまいます。

昼間の日照時間を利用して規模を問わず発電効率が一定し、小規模でも大規模でも分散運用でも可能と言われていますが。

2013年ごろから爆発的に太陽光発電に取り込む企業や家庭が増えますが、2015年ごろには失敗と思う企業や家庭が増えるでしょう。

〝電気代が安くなる、あまった電気を売れる〟というキャッチフレーズは死語です。

『パネルの重さで家計は軽くなる』は反対で、『パネルの重さで屋根は壊れる』、雪の重さや雨の多さで十分な発電は望めません。企業が取り扱うにはデメリットが多く、設置費用が取り戻せないまま投資効果が予想より落ちていきます。

日本人は良いと思えばすぐに飛びつきやすい性質ですが、少し時間をかけて考えると答えは必然と分かるはずです。

【2011年11月11日】キリンの前足《全集③》

日本列島の南にキリンの前足がみえます。海底火山ですがこの島の噴火は数年おさまらない。

【2011年12月3日】日本各地に雷が落ちる《全集③》

雷はどこに落ちるのでしょうか?

はい、どこにでも落ちます。

雷は夏の暑い季節に落ちると思っている人が多いようですが、雷は「7月から9月の夏季雷」と「11月から3月頃の冬季雷」があり、夏も冬も雷が発生いたします。

冬季雷は夏季雷より落雷しませんが、100倍から130倍の力を持っています。

これから先、ゲリラ豪雨が襲うようになります。

日本中どこでもゲリラ豪雨が起こり、雷雨があり、水没します。雨が降って来た時は、建物の軒先やビルの片隅での雨宿りは危険です。高いビル、高い木の下も危険です。

これからますます雷が発生し、落ちます。避雷針が必要です。学校には必ず設置しましょう。多くの避雷針で人の命が守られます。

【2012年1月13日】水晶龍を売りなさい

日本の地場が崩れています。地場調整には水晶龍の配置が簡単、かつ早い。水晶は土地の浄化をします。日本の土地は地場の狂いが発生しています。地場は磁場の乱れから起こるのですから、狂いのない磁場調整が大事です。

【2012年1月14日】木星には水も氷もある《全集③》

木星には浅い海の層がある。木星の氷は厚くて、海水を見ることは、ほぼ無いに等しい。だが厚い氷の層を破って、氷の切れ目から海水が見えることもある。

木星は太陽から遠く、表面温度はマイナス２００℃と研究者の間では言われているが、実際はマイナス１００℃からマイナス80℃で中心は大量のメタンの氷に覆われている。

【2012年2月18日】地下で浸水《全集③》

戦後、日本は急速に発展を遂げました。日本人は地下に街を作りました。

地下に電車も走らせました。人は地上から地下に進化を求めて来ましたが、建設してから50年経った地下は危険です。地下に通路を作っても湿気で錆びます。50年で老朽します。

地下には住めません。

地震には津波が付きものです。

大雨には水の氾濫が付きものです。

地下には浸水が付きものです。

【2012年3月22日】東京で巨大地震《全集③》

東京で首都圏直下型地震が起きた場合を想定してください。先ず、どこへ逃げますか。

東京湾には5000基以上の重油タンクがあります。液体は空気に触れても大丈夫ですが、火が入れば死の海となり、火が海面を走ります。ここで昨年の東日本大震災のことを思い出してください。

コスモ石油球形式LPGタンクが倒れ、爆発が4回起きて炎上しました。大地震、津波、石油タンクの炎上は大きな犠牲を引き起こします。まだ何も大きな事故が起きていないうちに今後の対策を考えてください。

【2012年3月24日】地震が多いのはなぜ？《全集③》

50年に1度、100年に1度と言われる地震が頻繁に起こるのはなぜでしょうか？

答えは簡単です。「えー、まさか」と思われる人も多いと思いますが、自然災害に見せかけた人工災害地震です。

人工地震も人工雷も人間の手で作れるようになりました。

これは独占力の強い人の陰謀です。地震は地震兵器という1つの兵器です。

【2012年5月21日】太陽光発電が山の水脈を切った

東日本大震災から急速に広がった太陽光発電。しかし太陽光発電で日本は大きな間違いを犯してしまいました。

日本の大きな間違いとは、森林を切り開き山に張り巡らせた太陽光発電です。

今、山が悲鳴をあげています。

山の木を伐採し、斜面に大量の太陽光発電所を設置しました。

今までは木々が根を張って森林を支えていましたが、森林を切ったことで地滑りや土砂崩れが頻繁に起こるようになりました。

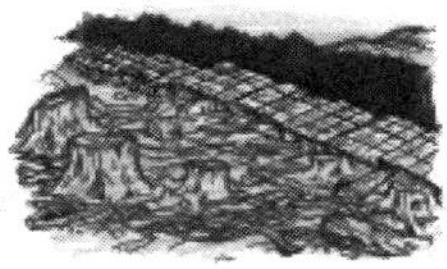

その原因を作ったのは山から里に流れる〝水の道〟と〝地下の水脈〟も切ってしまったこと。そのために水の流れが急激に変わったことで大きな地滑りや土砂崩れが起きるようになりました。

太陽光パネルの下には、草が生えないように除草用の強烈な農薬をまいています。

また、山林だけでなく、平地にも太陽光発電所が出来ることで、農地が死の土地に変わりつつあり、これから起きる災害で食糧危機に陥った場合、死んだ農地で農業をすることは不可能です。

大量の太陽光発電パネルは光を吸収するだけではありません。

反射熱が影響して山火事が起ります。地球の温度を上げています。鳥も一瞬で焼け、地上に落ちてきます。便利さと簡単さを求めて人間が大量に導入した太陽光発電の未来はありません。

【2012年6月18日】巨大地震と高層ビル《全集③》

2012年3月22日に「東京で巨大地震」と題し警告しました。

首都圏直下型地震が起き、東京湾の5000基以上の重油タンクが炎上した場合、何処に逃げるでしょうか、と問いかけをしました。ですが、未だ何も手立てが終わっていません。さて今回お伝えするのは、高層ビルが倒れないとは言えないことです。1988年以前に建てられた高層ビルの見直しが大切です。

【2012年8月20日】日本人は餓死する《全集③》

このまま変わらず、今のままの日本人の考えでは餓死してしまいます。

私たちは警告しました。1994年9月30日に【準備をしよう】と。

ここで再度警告をします。

【1994年9月30日】準備をしよう（再掲）

天変地変の始まる時が来た。もう、そろそろ非常食の準備が必要です。

今年は水不足。でも、これからは地震や津波が襲い、日本の一部や世界の国々も水で沈んでしまう場所がある。

温暖化で木が枯れ、火事が起こり、土が割れ、地震が起き、水不足と洪水が代わる代わる起こってくる。そして、温暖なのに砂漠には雪や雹が降る。

核兵器保有の多い国から順に、地震や洪水の被害が襲ってくる。

日本は輸入が減り空腹になる。若者は目的を失い、意欲が減退する。

輸入にこだわらず、自国の土地で作った物を食べること。自給自足する日がそこまで来ている。

日本のみなさま、いかがでしょうか。

2007年サウジアラビアの沙漠に雹が降りました。これからは砂漠にも洪水が起きます。

早く、地域の田んぼで米を作り、畑では野菜を作る習慣をつけなくては間に合わない時が来ます。子供の命を守るなら農業に取り組むべきです。

餓死するという言葉は死語ではありません。


【2012年10月11日】日本は四季から二季になる《全集③》《身体の教科書／環境》

いやはや、暑いです。いやいや寒いです。そんな声が日本のいたるところから聞こえてきます。

日本は四季があって風が心地よくて良い国でした。でも今は、〝暑い〟・〝寒い〟の2言で季節を伝えるようになってしまいました。

【2013年3月16日】野生動物《全集③》

温暖化によって地球の気温が急激に上昇しています。温暖化の影響で北極や南極の氷が溶けています。アザラシ・ペンギン・ホッキョクグマが危機に瀕しています。

また、ジャイアントパンダ用の笹が枯れはじめました。

野生動物が餌を求めて山から下りてきます。鹿、狸、キツネ、熊、サルが田畑の野菜を荒らします。

【2013年3月22日】北方領土と拉致問題《全集③》

北方領土は日本には戻ってこない。そして拉致問題で有名な人ですが、その人も日本には帰ってこない。北朝鮮の重要な人の母親になっているので日本には戻れない。日本に戻ることは北朝鮮を捨てることになる。

北朝鮮のトップは日本を母国と思っている。なぜなら北朝鮮のトップの血族は日本人だからである。日本人の血を入れるために拉致していると言ってもよい。何度も拉致は繰り返される。

【2013年8月16日】ユーラシアプレート《全集③》

これから先、北米プレートに引っ張られてユーラシアプレートが動き出します。和歌山の南岸から御前崎方向に引っ張られていきます。

富士山には、現在の姿を留めて欲しいと思います。富士山が大きく姿を変えるのは噴火と…。

富士山は、本来、人が登る山ではなかったのですが、雪の量が少なくなり、誰でも気軽に登れるようになりました。ですが、多くの人が登れば登るほど富士山は姿を変える日を早めてしまいます。また、富士山で人間が出した汚水とごみで、富士山が汚れてしまいます。

【2013年11月21日】キリンの足は西之島《全集③》

昨日から東京都の南、西之島から海底火山が噴き上がり始めました。

この地底火山は数年止まりません。なぜなら、本来この溶岩は富士山から吹くマグマでした。このマグマを止めようとしたら、富士山の噴火は止めようがなくなります。富士山が噴火すれば、東京都、埼玉県、千葉県は大きな被害を受けます。火山が噴火した場合、時速１００キロのスピードで火砕流が流れたら、火山灰が1時間で西なら大阪、東なら岩手まで届き、太陽は黒く見えます。その後、人による水と食べ物の奪い合いが起こります。

今、被害の少ない海底火山の西之島に誰もが感謝をしたいものです。日本をキリンとみなします。北海道が頭部、本州が本体、九州が骨盤及び腰、四国が腹としましょう。東京都の伊豆諸島周辺は前足。後足は南九州から琉球・沖縄諸島。前足は足を伸ばし、後足ははねています。前足は駿河トラフ、後足は姶良《あいら》カルデラ。確実に伸びていると言っても過言ではありません。

【2013年11月26日】寒波が襲う《全集③》

温暖化が加速化し、寒くならない冬を想像してしまいますが、これからは寒さが厳しくなっていきます。

世界各地を大寒波が襲います。池や川で冷凍保存されたように動物が一瞬で凍ってしまいます。

【２０１４年３月28日】２０６０年頃から隕石が飛んでくる《全集④》

地球の周りには無数の星々があります。地球のそばには各国が打ち上げた人工衛星があります。宇宙の中にもブラックホールがあり、吸い込まれ消えていく星もあります。今、時空が著しくゆがみ、重力変化が起きています。それによって光の速度についていけない星が飛ばされてしまい、２０６０年頃から地球に大接近してきます。つまり、隕石が飛んでくる恐れがあるということです。

しかし、隕石を打ち壊すレーザーが出来ます。なんと数人で働く町工場の日本人がレーザー作製に成功します。

【２０１４年４月14日】シェルター《全集④》

世の中が物騒になりはじめました。怖い世の中がやってきます。これからはシェルター付きの建物が欲しいですね。安全で安心できる場所が欲しいです。

第二次世界大戦では防空壕が必要でしたが、第三次世界大戦は防空壕ではなくてシェルターです。核や化学薬品、サリンも怖いですね。

核や化学薬品は全てを壊します。自然災害で原子炉の破壊も怖いし、近国からの核戦争も怖い。

小さくてもよいのでシェルターを作って自分の身は自分で守ること。

村中愛さんも小さなシェルターを作って自分の本を入れてください。小さくてもお守りになります。

【2014年9月11日】ネズミを追えば命は助かる《全集④》

世界の情報は繋がっています。日本は5分の狂いもなく電車が走ります。こんな国が何処にあるでしょうか。ですが、障害が発生すれば電車も止まってしまいます。1匹のネズミが電車を止めてしまう場合もあります。

今、日本の東北地方は病んでいます。東北地方が病んでいるということはアジア大陸が病んでいるということです。ロシア・中国・モンゴルが病んでいるのです。

古いことわざに、災害で出口が分からない時はネズミを探せ！というのがあります。

何故ならいかなる危機に陥った時もネズミは必ず安全な方に出口を探し、光に向かって走るから後を追って行けば必ず命は助かると言われています。

【2014年9月28日】御嶽山噴火《全集④》

噴火警戒レベル1の御嶽山が噴火してしまいました。警戒レベルは5ではなく1でした。

しかしマグニチュード7以上の地震が起きると早ければ1年以内、遅くても5年以内に近くの山が噴火します。日本には110ヶ所の活火山があることを忘れないで下さい。

地震が活火山噴火につながっていくという現状を。

御嶽山が噴火する前に、微小の振動を感じていたはずです。小規模な地震が多発していたはずです。地域の人も政府や環境庁や学者だけに頼らず、自分たちの地域は自分たちで監視することが大事なのではないでしょうか。

御嶽山は富士山の代わりに噴火したと言われる方がいますが、今回の御嶽山と富士山とのつながりはありません。御嶽山は東日本大震災の影響を受けての噴火です。

ただ、東京の南岸、西之島の噴火が収まったため、富士山の噴火が起こらないとは言い切れない。

【2015年5月31日】日本列島全県揺れる《全集④》

震源が深い場所で起こったことで津波を免れました。

日本全県が揺れる地震は今までありませんでした。でも、私たちは日本は地震大国であると何度もお伝えしています。

まだまだ、雷、竜巻、台風、津波、地震で日本は被害が出ます。

日本はオリンピックで浮かれている時ではなく、次々と問題が浮上してきます。今、手を挙げてオリンピック開催国にしたいと笑っている時でしょうか⁉

今は3・11地震の後始末や行き場のない弱い人たちを守る時ではないでしょうか。弱い人たちが泣いています。辛くて寂しい、声の弱い人たちを守る時ではないでしょうか。

西之島の噴火は警告を送り続けています。

【2015年8月15日】9条の条約は平和憲法です《全集④》

今日は終戦記念日です。戦後の日本と戦前の日本は違います。

戦前憲法と戦後憲法を、新たに2020年に憲法の変更しようという動きが出ています。

9条の条約を見てみよう。

【国権の発動たる戦争と武力による威嚇又は武力の行使は、国際紛争を解決する手段としては永久にこれを放棄する】となっている。2項は【前項の目的を達成するため、陸海空軍その他の戦力は、これを保持しない。国の交戦権はこれを認めない】と規定しています。9条の条約は平和憲法です。

戦争が起ころうとも、隣国から襲われても、第三次世界大戦が勃発しても9条の条約を変えてはなりません。やられる、攻めてくる、攻撃してくるからと平和憲法を崩したら本当に世界が終焉を迎えます。第三次世界大戦は大惨事世界大戦になるのです。

【2015年9月8日】災害時の3つの必需品《全集④》

もし、首都圏に直下型地震が来た場合、あなたはどこに逃げますか。家族で安否確認はどうしますか。

首都圏の4万から4万5千人が同時に電話を使うと回線はパンクしてしまいます。「連絡取れるのは最悪の場合、2日後になるね」と普段から家族と話しておきましょう。

さて、あなたは歩いて我が家まで帰りますか？

無理ですね、なかなか自宅までは歩いては帰れません。では、どこかに安全な場所を見つけて眠れる場所を確保しましょう。1日たてば、一昼夜越せれば大丈夫、だんだんと状況が見えてきます。

すぐ動いてけがをするよりも『1日ぐらいここで待つ！』という勇気が必要です。

暑さ寒さもあります、恐怖もあります。でも、『絶対私は大丈夫』と心で唱えて下さい。どんな危機でも耐える力を誰もが持っています。

そこで、みなさんのバッグの中に3つだけ入れて欲しい物があります。

1つ目の必需品は、45リットル用の厚手のビニールごみ袋を2枚、なるべく透けて見えない物を用意して下さい。

小さく折ると邪魔になりません。輪ゴムで丸くしても大丈夫。もし、緊急事態になっても、寒くなればワサ（折り目）の部分を切り、筒状にして身体を入れると、寒さや雨がしのげます。トイレも人前ではできません。でも辛抱にも限界があります。

ビニール袋を切ってスカート状にすれば恥ずかしくないので安心です。

2つ目の必需品は5個の飴。飴があれば糖分がとれます。糖分が入れば悲観的な気持ちになりません。半日に1個食べれば身も心も元気になります。

3つ目の必需品はペットボトル500㎖の水。お出かけの時は水を持参ください。

ともに生きるために、みんなでがんばりましょう。

○45リットル厚手のビニール袋　2枚

○飴　5個

○500㎖のペットボトルの水

【2015年11月15日】平和憲法と軍隊《全集④》

2015年8月15日に伝えました。「戦争が起ころうとも、隣国から襲われても、第三次世界大戦が勃発しても9条の条約を変えてはなりません。やられる、攻めてくる、攻撃してくるからと平和憲法を崩したら本当に世界が終焉を迎えます。第三次世界大戦は大惨事世界大戦になるのです」と。

9条の条約平和憲法を変えて安全を守るために軍隊を作ってはいけません。今の自衛隊も軍隊と同じような働きをしています。とても残念なことです。争いの無い、争いを起こさないための法案を打ち出して欲しいと節に願っています。

総理の考えで変えるのではなく、国民の考えを重視して欲しいものです。

【2017年1月18日】日本の桜《全集⑤》

日本といえば桜です。

日本の桜は四国や九州から咲くと思っている人も多いと思いますが、今は関東から咲き、4月頃は全国同時に咲いていくでしょう。

なぜ、全国同時に咲いていくのでしょうか。

温暖で地熱が高いからです。原子炉も影響しています。

地熱が上がったことで虫が繁殖します。松を食い潰し、松を枯らす虫がいますが、桜にも根や幹を食い潰し、桜を枯らす虫がいます。桜の名所は注意が必要です。

また、人間の組織が作った桜の会にも注意が必要です。

【2017年3月7日】北朝鮮の若者が携帯を持つと世の終焉《全集⑤》

世界の若者が携帯電話を持つようになり、世界の隅々の情報を一瞬にして知り得ることができます。情報が早く届くというメリットもありますが、反対に電話に依存しゲームに没頭してしまう人もいます。

でもそれは些細なことで携帯電話が本当に怖い理由は他にあります。

携帯電話の情報は3カ国に流れていることです。携帯の位置情報では居場所がわかり、歩いたルートも分かれば立ち寄った場所も時間も計算できます。ゲームにしてもスピードや完成度で脳のIQまで計算できるし、人の集まる場所の位置確認もできます。

また、電子マネー残高まで分かれば、携帯電話に打ち込んだデータや写真も、全て盗聴と透視ができ記録は全てコピーできます。

今、武力で抑えている北朝鮮の若者が携帯電話を持つと、軍事武力では抑えられなくなり、世の終焉の時が来るといえます。

【2017年4月4日】日本が未来を担う役割《全集⑤》

イスラエルは日本を高く評価してくれています。ユダヤ人は選民思想を持っていますし、最近の日本人も『日本が未来を担う役割』を持っているという、選民思想に近い考え方を持つ人が増えてきました。

昨日の両国とのエネルギーの交換として国交の融合も素晴らしかったと思います。イスラエルと日本の国旗と国旗の間に主要な国の国旗を挟み、ヨハネの黙示録（7章）の「その後、私は四人の御使が、地の四隅に立っているのを見た」を再現。その場でイスラエルと日本を結ぶ提言書を読んでくれました。

世界最古の国家の日本と2000年もの間、国家を持たなかったイスラエルが共に寄り添い193の国を引っ張っていくことが世界の安泰につながります。元イスラエル大使、エリ・コーヘン氏のお力添えをいただきながら日ユ同盟が結ばれることを切に願うものです。

【2017年4月4日】世界の動き《全集⑤》

北朝鮮の金正恩氏の亡命は無い。アメリカと最後まで戦う。

金正恩氏を乗物に例えるとブレーキの利かない高級車。暴れ馬、手綱を持たず乗る殿様。いかに乗りこなすか、そんなむちゃくちゃがどこまで通るのか。

トランプ大統領は、中国政府に金正恩氏を抑えろ、圧力をかけろと指示したが今の中国にその力は無い。金正恩氏暗殺計画は北朝鮮内部の暴発かアメリカ政府のピンポイント暗殺。

怖いのは中国の金正恩氏への圧力の有無によって生じるアメリカと中国との亀裂である。中国は金正恩氏への燃料供給を止められない。北朝鮮は水面下でイスラム国に売る武器と引き換えに燃料と技術交換をしている。

ロシアのプーチン氏とアメリカのトランプ氏の組み方で北朝鮮の動きは変わっていく。

北朝鮮はＳＬＢＭ（潜水艦発射型）の改良に力を注いでいる。スカッドやノドンは完成している。

金正恩氏は針ネズミ、身体の針を飛ばす準備はできている。自らの死をも屈しないほど、なぜ武力に走るのか。幼少期の差別が金正恩氏の心を狂わせた。

4月13日、14日、24日北朝鮮の動きに気をつけよ。

金正恩氏は北朝鮮が核保有国になれたことに喜びを感じている。また、核爆弾と水素爆弾の巨大力に酔っている。北朝鮮は核兵器の材料となるプルトニウムや濃縮ウランの生産を昼夜増やし続けている。

でも、日本もそれは同じこと。北朝鮮だけを悪く言えない。日本だって水面下で核兵器の材料となるプルトニウムや濃縮ウランの生産を続けているのだから。日本は戦争反対、核兵器反対、テロ反対と大声で言ってるがプルトニウム生産、保有世界一なのだから北朝鮮よりも日本の方が悪。笑いながら原発を稼動させているし、3・11の弱者にも手を差し伸べていない。

北朝鮮を責める前に、自国が反省すべき点はたくさんあるはずだ。

ただただ、第三次戦争がおこらないように祈ってもらいたいものだ。

【2017年4月6日】シリアへの攻撃（18：33）《全集⑤》

シリアへの攻撃は北朝鮮への威嚇と警告。シリアを攻撃することでロシアとの亀裂が深まることは知ってはいるがトランプ氏は行動に移すことでアメリカ権力の力を見せつけた。

金正恩氏もトランプ氏も相手を狙っています。

北朝鮮は2015年には核ミサイルがほぼ出来上がり、早く核実験をしたいと思っていたが義理の兄の金正男氏が邪魔だ。金正男氏亡き今、北朝鮮はわが手の中にあると金正恩氏は核戦争に向け準備を着々と進めている。

【２０１７年５月１日】北朝鮮の核実験《全集⑤》

昨年の「【２０１６年９月９日】北朝鮮の核実験が本格化した」で日本が段々と危なくなってきた。アメリカも危なくなってきた。中国も危なくなってきた。北朝鮮の核ミサイルの実験が本格化してきたといえる。北朝鮮は核実験を何度も行う。益々、実験に踏み切るだろう。明日の実験で益々調子に乗るだろう。

とお伝えしましたが金正恩氏は益々実験を進めて参ります。

【２０１７年６月１０日】日本の温度差は90℃《全集⑥》

日本の温度が変わります。冬はマイナス45℃。夏はプラス45℃。この90度の変化をどのように受け止めますか。真実と事実を受け止めてください。

世界もいたる場所で変化が見られます。－と＋が交差します。

黒潮も蛇行します。温度差には要注意です。寒くて死者が出て、暑くて死者が出ます。

【２０１７年６月１１日】プルトニウムの知識（07：20）《全集⑥》

「プルトニウムの毒性について知っている事を教えてください」と聞かれて即答できる人は少ないと思います。小学校や中学校で原発やプルトニウムについて教えているでしょうか。破損したら、爆発したら、どのように対処すべきか正しく、知識として知ることが大事です。

プルトニウムは重い物質なので遠くに飛びませんと言われても距離がわかりません。放射線の透過性が小さいので外部被爆はありませんと言われていますが、土壌にプルトニウムが浸み込んでいると砂埃で体内に入ると内部被爆します。何が正しくて、何が間違いなのかしっかりと調べることが大事です。そして、一部の報道から学ぶのではなく、一人ひとりが学び知ることが大事だと思います。

【2017年7月28日】台風5号（16：22）《全集⑥》

台風5号は進む方向性が決まらず停滞しています。日本の本州、国道41号線を縦に切り裂く目的で人工台風ができています。太平洋側から日本海に抜ける台風、人口台風で人の手で操作されています。注意が必要です。

【2017年8月2日】台風5号と海水温度（14：20）《全集⑥》

台風5号の影響で日本中が真っ赤に染まっています。温度計を見ても33℃を越えていて台風5号が本州に上陸する頃には38℃まで上がるでしょう。

海水温度も上がっているので積乱雲が多発します。積乱雲は豪雨を降らします。怖いです、予想もしない場所での豪雨や雷や浸水に細心の注意が必要です。積乱雲は10キロを越える大きさになります。

数年前までは無かった大雨や雷、なぜ、突然起こるようになったのでしょう。それは、人工海水温度を上げる海水ミサイルができたからです。ですが、今はまだまだテスト中。目的地に直撃しないため、右に左にと曲がりくねって右往左往します。
台風5号は先月21日9時に南鳥島付近で発生しました。その後すぐ、アメリカの軍事基地から台風情報が出されました。日本の中央、国道41号線上を名古屋から富山へ進むと予想しました。ですが、人工台風は迷走しはじめたので、23日にも30日にも進路を変更しています。迷走する原因は海水温度です。海水温度が27～29℃もあるために衰えません。
台風11号、12号と発生しますが、2週間経過しても台風5号は衰えません。日本を横断していきます。豪雨と気温に注意が必要です。
シリウスの記録掲示板には、
名称　　人工台風5号
発生日時　2017年7月21日6時
消去日時　2017年8月8日未明
進路　　日本南鳥島から国道41号線上名古屋から富山に北上後、中国・ロシアの国境

【2017年8月8日】月の作用（00：34）《全集⑥》

月は大量の水を保有していました。太陽と月の動きは絶妙ですが、月の自転作用で地球は守ら

れています。月にあった大量の水が再び落ちてくるならば船が必要です。ノアの箱舟でしょうか⁉

ノアの箱舟は過去の出来事です。

1996年3月10日に〝空の雲が大きく高くなっている〟でも伝えました。ここに再び記載します。

『今、空の雲が少しずつ大きく、高くなっている。雨が降り始めると大量の雨を降らし止まらなくなる。上空で大きく雲が発達し、その雲から大量の雨が降る。

今から約30年～50年で北極の氷が溶け40㎝水位が上がり、日本でも浸水場所がある。

そして、そのまま温暖化が進めば100年後に日本の人口は自給自足で7000人ほどの食料分しか賄えなくなる。

今から、どれだけ多くの人が自給自足を考え、田畑を耕すかが大きな分岐点となる。

自家製の種を育てよう』この言葉をどれだけ多くの人が意識して心に留めてくれるだろうか、この文章を単なるメッセージととらえないで欲しい。

宇宙や月が冷え、地球が熱くなると大雨が降るということも。

【2017年8月9日】日本を逆地図でみる（05：23）《全集⑥》

日本の地図を逆に見てください。

ロシア、中国、北朝鮮、韓国の前に両手を広げて手を広げて〝みんな仲良しポーズ〟が見えますか。

南の海を制覇したいと思う4国の前に小さな国が手を広げて手をつないでいる姿が見えます。

日本の北に延びる島々、北方領土、北海道から延びる本州、四国、九州、そして沖縄諸島が見えます。

日本を守るには北方領土が必要です。

ロシア、中国、北朝鮮、韓国の前に両手を広げた見えない壁があります。

戦闘機やミサイル攻撃を打たせないために日本は大きな壁になっているのですが、この壁を壊して自由な行き来をしたいと思う隣国の動きが見えます。

アメリカと北朝鮮は今、水面下で組んでいます。戦争の風をふかす行為を見せかけて日本を一気に潰しにかかっています。日本人は断固として阻止しなくてはいけません。韓国の新大統領、文在寅氏が裏で動いています。日本を攻撃（口撃）するチャンスを静かに狙い待ちしています。再び慰安婦問題を浮上させます。

【2017年8月11日】9の数字と金正恩氏《全集⑥》

北朝鮮の金正恩氏は、9の数字が好きである。少し書いてみましょう。

テレビで報道されるので、少し前に拝借します。

父　金正日（キム ジョンイル）のラッキー数は9だった。

金正恩氏の誕生日　1984年1月8日　足すと末尾が9
テポドン1号発射　1998年8月31日　足すと末尾が9
初めての核実験　2006年10月9日　9の日
テポドン2号発射　2012年12月12日　足すと9
3回目の核実験　2013年2月12日　足すと9
5回目の核実験　2016年9月9日　9の日
火星12発射　2017年8月29日　9の日

88号線に11号線を足すと99。

99の次は〝100〟です。100は〝百〟です。百から1引くと〝白〟になります。

白〝しろ〟は〝はく〟と読みます。

白紙の〝はく〟がとても大事です。争いは白紙に戻して、2度と戦争を起さないために祈りましょう。

簡単なことで回避できることはたくさんあります。大難が、小難に、小難が無難になることを祈ります。

国道11号線、スタート場所は〝勝どき橋〟です。素敵な名前です。

男性21人で国道88号線を走ってくれるので女性が11号線を走り、日本を守ります。

日本は心の字に似ています。心の字に1本の釘を打ち不動にしましょう〝心→必〟になると動かなくなります。

【2017年8月15日】グアム島には軍事衛星基地がある《全集⑥》

すでに北朝鮮の弾道ミサイルは成功しています。2014年から必死の研究を進めてきました。

現在日本の北東に向けて発射しているミサイルは全てカモフラージュです。

ですが、脅威的なミサイルの姿は見せていません。今後北朝鮮に向け威圧的な態度で禁止令を出し続けていると、益々金正恩氏は意固地になります。力で抑えてはなりません。会話が大事です。

今はカモフラージュであっても、アメリカと北朝鮮の動きを静かに見守るロシアと中国の動きも手の内、動きなので静かにしてください。今直ぐには、アメリカの領土のグアムに対して長距離ミサイルを撃ちません。

これも全て日本に対し「上空を飛ばすぞ。打つぞ。日本を守るから日本政府はアメリカに金を惜しみなく出せよ」というアメリカの戦略です。北朝鮮が「弾道ミサイルでグアム島を攻撃する」と言う言葉に惑わされないように。「北朝鮮はこれ以上、米国を脅さないほうがいい、世界を敵に回すことになる」という言葉も日本に金を出させるためのアメリカの言葉の1つに過ぎない。

なぜなら、「世界中がグアムの話題になっている。観光客が10倍になる」とは言わないだろう。トランプ大統領は飛ばない根拠があるからである。日本に武器を売るのがトランプ大統領の目的です。

【2017年9月22日】水素性地震が最も恐ろしい《全集⑥》

断層や地下の亀裂にマグマがたまり、そのマグマが地下の水脈に流れ込むことで、水蒸気爆発が起こる。水素性地震が最も恐ろしい。富士山の火山性地震はマグニチュード8を超える可能性がある。御殿場周辺の断層で地震が発生すると、埼玉、東京、千葉に延びている断層に亀裂が入るため、日本の中心部に亀裂が入ります。

【2017年10月5日】危険と思わないことが危険（23：31）《全集⑥》

日本人は、何事もなく明日が来ると思っていることが危険。
日本人は、戦争の事を忘れていること自体が危険。
日本人は、危険と思う意識を忘れていることが危険。

【2017年10月9日】北朝鮮のミサイル《全集⑥》

北朝鮮が9月15日にミサイルを撃ってから約1ヶ月が経とうとしています。9月15日に打ち上げたミサイルは襟裳岬を越え2200㎞を越えたと発表されたと思います。最高高度800㎞、飛行距離は過去最高の3700㎞を越えたと言われていますが、もっと怖いのは北朝鮮だけに目を向けさせ裏で仕組みを操作しているロシアです。

北朝鮮が9月15日に撃ったミサイル「火星12」には核弾頭（核兵器）も搭載していません。

つまり、他国への脅しであって本気で戦争をする予定ではないのです。

【2017年10月10日】雪が降る・空が荒れる（23：22）《全集⑥》

2017年11月から2018年4月は寒い雪が降る。空は荒れて大雪が降る。日本全国どこでも雪が降る。特に日本海沿岸では一夜で1mを超し2階からの出入りとなる。

日本は春と秋が消え、夏から冬になる。今年の雪はロシア、モンゴル、シベリアから冷たい突風と雪が襲ってくる。

多くの国が寒気で震える。寒さで死者が出る。寒気は異常気象では無く地球の中心が冷えていることも原因のひとつ。宇宙も冷えている。

【2017年11月8日】軍事装備　大量購入《全集⑥》

北朝鮮が核開発及び弾道ミサイルを放棄するように日本は圧力をかけると言います。その裏で軍事衝突を避けるために日本と韓国と中国はアメリカから高性能の軍事装備を大量に購入すると決めました。

導入を検討しているイージス・アショアは一基で800億円です。2基、3基購入でいくらの費用がかかるのでしょうか。

2015年から防衛装備購入額が4倍に膨れ上がっています。今年の経済の見直し（預金封鎖）は『北朝鮮の弾道ミサイルを放棄』という軍事装備大量購入での名目で経済を狂わせています。軍事装備大量購入で2017年の預金封鎖は消えました。

【2017年12月3日】2018年が大事です《全集⑥》

世界の五大国はアメリカ、イギリス、フランス、ロシア、中国でした。

第二次大戦前の五大国はアメリカ、イギリス、フランス、イタリア、日本でした。

現在2020年以降の三台国はアメリカ、ロシア、中国です。

でもこの3カ国が動かす世界の流れが急激な変化を伴い恐怖を感じます。

昨年書きましたメッセージをここで再び載せます。

【2016年2月1日】2月　答えが出ます②

2016年1月1日の朝に「新年にあたり念頭の挨拶」メッセージを出しました。

日本人には大変気になる文章をここに入れますが、2017年までは文章で公開しないでください。ですが、口頭ではお伝えいただいても大丈夫です。

今はこの部分だけを文章として公表してください。

2016年は、祈りの年、14万4000人の祈りがスタート致します。

2017年は、『経済の年』、厳しくなります。株の暴落や金利の引き下げ、財界人の入れ替わり。

2017年3月から起こる筈だったことが前倒しになり経済につながることで、今年から芽吹いて来たことがありますが、それらは幻が多いので気をつけましょう。経済の見直し、立て直しの年は、あくまでも2017年です。

2018年は、『誕生の年』、新しい建物、新しい企画、新しい発想、とても大事です。

3年間で起こること3年間で起こすことで、後の360年が決まります。

《2019年、今は伏せます。あえて伏せておきます。》

この文章ですが2019年は天皇陛下の崩御。もしくは、なにかのご都合で今上天皇が変わります。2019年4月までに皇太子が天皇になられます。

この文章でも分かるように2016年から2018年までの3年間が日本にとって、とても大事なときです。

アメリカ・ロシア・中国の大統領や主席が独裁権を振り回すため、大きなことが起こって来ます。

先日もアメリカ大統領がエルサレムに首都を置くと報道しました。この問題はイスラエルとパレスチナの和平を崩壊させ、再び宗教戦争に発展する恐れがあります。エルサレムは世界の主要な一神教のユダヤ教、イスラム教、キリスト教の聖地です。第三次中東戦争は6日戦争で終わりましたが、このたびの発表は大きく世界を覆す動きになります。

中国は、近未来において世界一の経済大国になります。2017年初秋、崩れかかった経済を立て直したのは人工知能、電気自動車、パソコン、スマートフォン、ドローン、監視カメラを中心とした情報通信技術で、それらは世界一となりました。全ての情報が中国に入ることで、アメリカを抜き世界の支配国となる日も近いでしょう。原油も米国を抜き、西で取引きをしていた原油先物取引市場も徐々に東に移っていく。習近平（シュウキンペイ）の独裁権は終わりがないと言えます。

ロシア連邦プーチン大統領の切れ味は、現在個人としては世界一と言われています。ロシアは条約で禁止されている弾道ミサイル製造に着手し、巡航ミサイルを実戦配備しています。ソビエト連邦が崩壊しロシア連邦が誕生してからたった20数年で、プーチン氏は圧倒的強さと権力で大国アメリカも恐れる超大国ロシアへと変貌させました。ロシア連邦＝プーチン大統領と言えます。

三国が率いる世界が変貌する時期は、そう遠くはないと言えます。中国もロシアも日本のすぐ側です。北朝鮮が弾道ミサイルに力を入れていますが、巨大な資金はロシアから流れている以上、終わりはないと判断したほうがよいでしょう。西ではアメリカとイスラエル、東はアメリカと北朝鮮。日本の上空は騒がしく、恐ろしいと自覚することが大切です。

今、日本人の多くはこの危機を深く考えていません。今日と同じ明日が来ると信じることは非常に大切で、思うように人生が運ぶのなら引き寄せの法則を大いに使い、より良き人生が明日も来ると信じることです。

ただ、何が起きても不思議ではないと真剣に考えなくてはいけません。何の準備もないまま、もし戦争が起これば明日食べる米もパンも無いと自覚することは大事です。

まず、2018年の前半は断捨離をしてください。要らない物は全て手放してください。最低の備蓄をしてください。備蓄は200日分です。恐怖は戦争や弾道ミサイルだけではありません。人工台風や人工地震、人工雷が常に発生します。

2018年は、『誕生の年』です。常に新しいことが起こります。誕生といえば良いことと思う方が多いと思いますが、破壊も崩壊も起これば新しいことと言えます。2019年を乗り越えるためには2018年が大事なカギを握っています。3年間で起こること、3年間で起こすことで、後の360年が決まります。真に争いのない、戦争のない平和を心から祈ることが大事です。

【2017年12月15日】三重県北西部（伊賀）の地震お礼《全集⑥》

本年10月後半から、12月初旬まで心配されていた三重県北西部の地震は分散され、震度8で予定されていた地震は回避されました。

世界14万4000人の平和の祈りの皆さま、地震を心配してお祈りをしてくださった皆さま、多くの皆さまが、大村神社、鹿島神宮、香取神宮、産土の神、大山祇《おおやまつみ》さま、木花咲耶姫《このはなさくやひめ》さまへとご参拝、お祈りくださったことに心より感謝申し上げます。

本日、12月15日をもちまして三重県北西部地震11月地震は回避したとお伝えいたします。

ただ、日本は地震層の上に高層ビルが建築され、高速道路が配置されているために、予断を許さないことは変わりありません。

今後とも世界14万4000人平和の祈りと共に祈りを重ね合わせいただけますように願っています。

【2017年12月16日】三重県北西部（伊賀）地震と分散地震《全集⑥》

昨日お伝えしたように、三重県北西部（伊賀）の地震は分散されました。震度8で予定されていた地震だけに、回避出来たことは心から喜ぶべきでしょう。ただイランで300人を超える死者が出たことには胸が詰まる思いです。

11月13日　イラン　イラク　M7・3

11月15日　韓国　　　　　　Ｍ５・４
11月16日　八丈島　　　　　Ｍ６・２
11月18日　チベット　　　　Ｍ６・９
11月20日　ニューカレドニア　Ｍ７
今回は皆さまの祈りで回避できましたが、日本でも今後、地震災害は起こります。注意が必要です。今回は皆さまの祈りで回避できました。皆様の心からの祈りに感謝いたします。

【２０１８年３月11日】武将サミットのその後

２０１６年４月、武将サミットの後から今も多くの武将は鹿児島に残り、霧島連山及び周辺の地震層を抑えている。九州で大きな地震があると、その後別の地区で連動するように地震が起きます。

（参考事例：村中補足）
１７１７年２月９日～22日　新燃岳で噴火
１７１７年５月13日　宮城県沖Ｍ７・５、津波や液状化被害
１８９１年６月19日　御鉢で噴火
１８９１年10月28日　濃尾地震、Ｍ８・０、最大震度７相当、死者行方不明者７０００人以上

1894年2月25日～28日　御鉢で噴火
1894年3月22日　根室半島沖地震　M7・9　津波あり
1894年6月20日　明治東京地震　M7・0　死者31年
1896年3月15日　御鉢で噴火
1896年6月15日　明治三陸地震　M8・2～8・5　津波あり　死者行方不明者2万2000人
1914年1月8日　御鉢で噴火
1914年1月12日　桜島地震　M7・1　死者29人
1914年3月15日　仙北地震　M7・1　死者94人
1923年7月11日～20日　御鉢で噴火
1923年7月13日　九州地方南東沖M7・3
1923年9月1日　関東大震災　M7・9　死者行方不明者10万人以上
1959年2月17日　新燃岳（昭和噴火）
1960年3月21日　三陸沖M7・2
2011年1月26日　新燃岳で噴火
2011年3月11日　東日本大震災M9・1
2017年10月11日～14日　新燃岳で噴火

関東で地震発生の恐れあり

真相　**【２０１８年４月11日】軍事力強化《⑦》**

日本も少なからず戦争に向かって動いています。

「日本国を守るため」と表向きには言いますが、麻生さんと安倍さんが揃うと戦争の匂いがします。このことは20年ほど前からお伝えしています。防衛力の強化のために軍事費を上げ、空母保有国にします。これはあくまで護衛船ですと言い切りますが、本来戦争の意思がないのなら、多額の予算を投入して「人々を守る」と言われても、それはウソです。

体験　**【２０１８年４月19日】霧島連山（硫黄山）が噴火**

本日11時前、神社参拝35日の満願日で土佐一ノ宮の土佐神社に行きました。

車を止めた瞬間、車に石か木が落ちたのか大きな音がして車の屋根を見ましたが何もありませんでした。

鳥居の側に小笠原宮司さんが榊の手入れ中で、立ったまま10分程お話をしました。

「小川社長のフェイスブックを見ています。ご活躍を祈っています」と伝言を預かりました。

お参りをしていると社殿の中から声が聞こえました。

「本日は、三度参りをしてはいかがでしょう。

三度、賽銭をお供えし、三度、ご挨拶申し上げ、三度、御礼を申し上げます」と聞こえた瞬間に上から、またコトンと足元に石が落ちて来ました。

2度も石が落ちてきたことから、「宮崎・鹿児島にかかる霧島連山の噴火を最小限に抑えてください」と神社でお願いして帰って来ました。すると、15時39分えびの高原（硫黄山）が噴火。250年振りの噴火に、大難が小難に、小難が無難になるように祈ります。

【2018年6月6日】日本も世界も猛暑

1年前の「2017年6月10日の日本の温度差は90℃になると予告致しました。今までの日本の温度が変わり、冬はマイナス45℃。夏はプラス45℃。この90度の温度差がこれから先に起きてきます。このことを受け止めのか、聞き流すかで日本の未来が変わっていきます。

今年、日本の地図は真っ赤に燃えています。高気圧の関係で38℃以上の地域が200以上あります。暑さと共に死に至る熱中症の数が異常です。

また、世界でも猛暑が続きます。日本だけではなく、世界的にも熱波に襲われ日本以上に高温地域ができています。

今年の日本は台風の関係から雨が降りますが、世界の中では雨が降らない地域も多く、水不足が深刻です。水不足と高湿度で老人や子供も死に至る場合があり要注意です。

【2018年7月21日】兵器はどこの国にもある

時として人間の醜い力を使う霊獣や霊動もいます。

霊獣や霊動は台風、雷、嵐、竜巻、豪雨、暴風など自然現象と同化して暴れ回ることがあります。

人工兵器や自然兵器も同じです。

今や人工兵器も自然兵器も、どこの国でも作れるようになりました。そして人工兵器も自然兵器も地球の裏側まで飛ばせるだけの力を持ちました。

日本人はすぐ「何処の国が人工兵器や自然兵器を持っているのか」と聞きますが、そんな兵器はどこの国でも持っていますし、日本だって研究しています。それを人は科学だと思っていますが、実質は武器です。

世界の中でも大国と思える国は必ず人工兵器と自然兵器を持っています。日本にも有ります。日本にもあるから怖い。日本も人工兵器と自然兵器を持っていると自覚し、知るべきです。

今や、核兵器や人工兵器のスイッチは携帯電話から操作できる時代になってしまいました。

大掛かりなスイッチはいりません。

そんな恐ろしい、怖い武器を研究し開発している側で、『平和を祈りましょう』と唱えても誰が聞くでしょうか?!

でもいるのですよ、本当に心の底から平和を願っている人が。こんな、怖い嫌な時代だからこそ、平和を祈る奇特な人が。生き方、考え方が大事なのです。

【２０１８年７月21日】災害の後始末

またしても、先日の集中豪雨で被害に遭われた方々は置き去りになりました。ニュースは熱中症の話やオウムの死刑執行の話。

少人数の小さな村の村民が、山崩れや田畑の損害で泣いています。年老いた人たちが泣いています。自衛隊も民間ボランティアも入らないような小さな村は悲惨です。報道している一部だけに民間ボランティアが入っているのです。

西日本の豪雨災害、東日本の大震災では多くの人が泣いています。救いの手を、優しい手を多くの人が今も待っています。１人ひとりの幸せを心から願います。

日本開催の２０２０年オリンピックまであと2年。テロを気にして早々とオウム関係者の死刑を執行して『安全な日本』をアピールしたいと思いますが……、日本は乱れています。自然災害の後始末をしない限り前には進めないと自覚していただきたい。

【２０１８年７月26日】台風で被害

先月、６月28日から7月8日まで台風7号と梅雨前線で西日本には記録的な豪雨が続きました。

そして、台風7号の反対回りで台風12号が西日本に上陸しようとしています。

昨年から被害が多発し、まだまだ復興には時間と人が必要です。今こそ、早めの避難準備と備蓄が大事です。

明日は満月です。

満月＝大潮になると海水が上がります。

今年の春、『今年は例年より台風が多い。水（水害・豪雨）と火（火事・熱風・熱中症）でたくさんの死者と被害が出ます』と伝えました。

自分達の地域は大丈夫、私たちは大丈夫と思わないで準備をしてください。

台風で再び災害が出ないように祈りましょう、祈りが大切です。

【2018年9月2日】2018年の災害

今年1月に伝えました。

今年は台風が多い、注意してください。

今年は火（火事、爆発、雷）と水（豪雨、浸水）に注意してくださいと伝えました。

今、台風21号が日本に向かっています。注意が必要です。

海水の水質や水温上昇でクラゲが大量発生しているとは言いきれませんが、今クラゲが西北に流れ動いています。

クラゲが大量に発生する時は、地震があるとの見方があるように、異常気象の前触れとも取れます。北西にクラゲが移動しているということは台風21号を感じて移動しています。

今以上に台風被害が出ないように祈りが大切です。

日本に台風が上陸する前に、台風が小さく、消えていくイメージをしてください。

21号台風の名は「チェービー」

日本名をツバメと言います。

ツバメは泥と枯草を唾液で固めて巣を作る賢い鳥で、ツバメは民家の軒先で巣を作ります。ツバメの名のように台風21号は日本の軒先から入り家の中を荒らし（嵐）ます。

注意してください。

台風21号は大きな被害を出しました。

台風に伴って風や雨は必然ですが、ニュースを見て驚いた人もいると思いますが兵庫県尼崎市では約１００台の車が炎上しました。また兵庫県西宮市でも火災が起きました。

台風はまだ続き、東経１３５度線から国道41号線までの区間には何か不安を感じますので、今後もご注意ください。

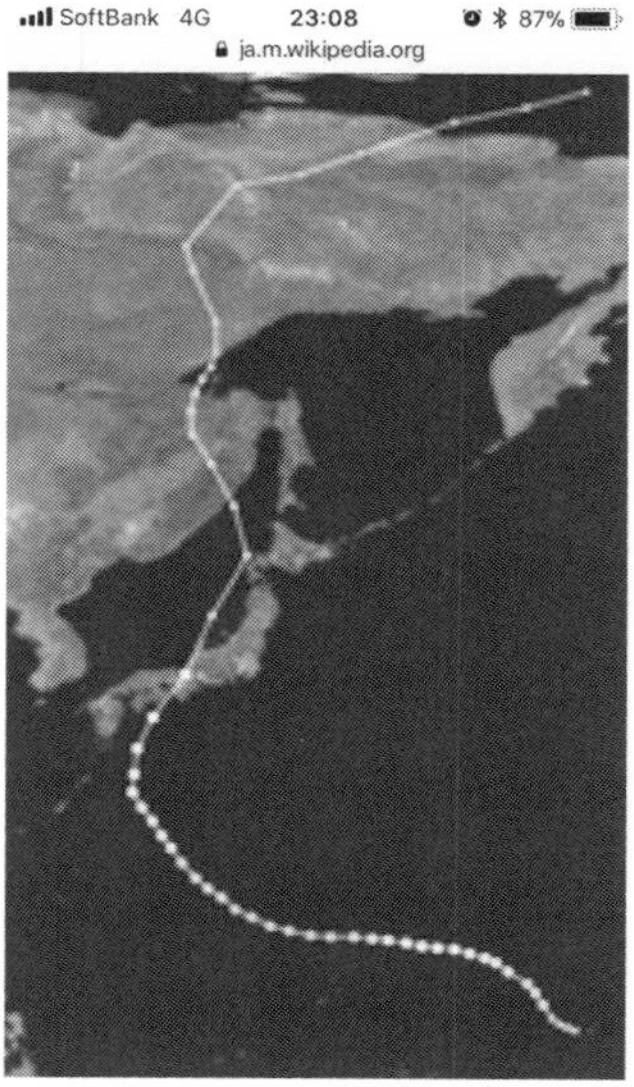

【2018年9月9日】備えて安心、御守り品

メシアメジャーに「備蓄する最低限の品物は何ですか?」と聞くと「3人の家庭用では、以下の物が必要です。人数に合わせて調整してください」との返事でした。

○懐中電灯3個（各自1個）
○携帯ラジオ2個（1個は手動）
○笛3個（各自1個）
○タオル（新しく物6枚・古い物3枚
○保温シート3枚（各自1枚）
○ビニール袋（小袋2セット）
○マスク9枚（各自3枚）
○簡易毛布3枚（各自1枚）
○寝袋3個（各自1個）
○ナプキン2袋（生理用、ケガ処理）
○赤ちゃんのお尻拭き（厚めの濡れティシュ）3個×2
○ゴミ袋（30枚×2）
○新聞紙（3日分）

○着替え（3日分／服・靴）
○下着（3日分）
○米（5キロ袋×2袋）
○水（2ℓ×3ケース）
○餅（1キロ入り3袋）
○飴（2袋）
○赤ちゃん用粉ミルク（9本）

【2018年9月29日】メシアメジャーのメッセージ　3度目の警報

日本の法令上の災害は、豪雪、暴風、暴雨、津波、高潮、洪水、地震、噴火の8つを自然現象による被害と言います。

ですが今は一言で『自然現象』と言い切れない未曾有の豪雨や暴風や火事が起こります。

注意してください。

ここで、今年3度目の警報を出します。

1度目は、2018年7月10日、
西日本豪雨で注意報、警報を出しました。

岡山・広島・愛媛で死者、不明者が200人を超えました。

2度目は、2018年9月1日、
台風21号で注意報、警報を出しました。

猛烈な勢力に発達し、本州に上陸し、交通機関が麻痺しました。

そして、今日は今年3度目の注意報、警報を出します。

日本の中心を台風が通過しないように、和歌山に上陸しないように国民みんなで祈ってください。


さて、なぜここまで同じ方向に台風が上陸するのでしょうか？

真剣に考える時が来ました。

日本人に質問です。

人工台風はどこを目的として狙っているのでしょうか？

私たちは今までも何度も注意、警告を出してきました。

覚えていますか?!

東経135度線から国道41号線が大事ですとお伝えしました。

では、身体の中心にあたる骨はどこでしょう?!

人間の骨は全て大事ですが、特に大事な骨は『仙骨』です。

仙骨は腰の中心にあり、ハート型をしています。

この仙骨が痛むと歩行もできません。

では、仙骨を日本地図にあてはめてみましょう。

仙骨は和歌山の神倉神社および熊野三山にあたります。

今年の台風は徳島と和歌山の中間を通過しようとしています。

熊野参道が破壊されないように、注意が必要です。

参道は、賛同、産道と同じ音です。

賛同とは、賛成、同意することです。賛同は意識の同じ人たちが1つの行為をすると強い力を発揮します。是非同じ志の人たちで祈りを捧げてください。

産道とはお産の道です。今は、腹一杯食べて力んで産むことです。

現在台風は、着実に日本の中心に向かっています。

魔除けのために、
お守りのために、
停電を防止するために、
冷凍庫にある食品をできるだけ食べてください。

そして、力を蓄えて祈りましょう。

日本の中心を台風が通過しないように、和歌山に上陸しないように国民みんなで祈ることが大切です。

【２０１８年12月5日】地震に注意してください

今、伊勢湾周辺と豊後水道周辺ではスロースリップが進んでいます。

スロースリップというのはその名のとおり、断層がゆっくり滑る現象です。ゆっくり滑っている間は大きな地震は起こりませんが急激に断層が動けば大きな地震と津波を起こします。

２０１８年は大きな地震も無く終わりそうですが、２０１９年は再び大きな地震が起こる可能性があります。

関東から徳島までの太平洋側は要注意です。関東が揺れれば２０２０年のオリンピックに影響しますので注意してください。

地震は断層が動くと西側が危険、台風は東側が注意です。現在は5ヶ所、北海道、長野、千葉、徳島、熊本の地下が動いています。

北アルプスの焼岳《やけだけ》にも注意をしましょう。北海道胆振《いぶり》東部の地震と連動しています。

地震警告の段階が1から5とすると、２０１９年は、3から8へと上昇気味となるので、再び、鹿島神宮、香取神宮、大村神社、春日大社、名居神社、細江神社に祈りに行ってください。

【２０１８年12月15日】中央構造線上の神社

地層が揺れる中、多くの人が真剣に祈っています。

中央構造線上では数々の神社で数々の神が祭られています。

氷川神社、諏訪大社、豊川稲荷、伊勢神宮、天河神社、大剣神社、石鎚神社、幣立神宮
その中でも東京都杉並区、氷川神社内の気象神社では多くの人が今、異常気象を心配して祈りを捧げています。小川さんも村中さんも是非祈りに行ってほしいと願います。

【2018年12月31日】2019年1月1日～3日までの出来事

大きな分岐点ともいえる2019年がまもなく始まります。

元旦から3日間、日本で起こる出来事を注意して見ていてください。4日の朝からニュースで報道する出来事をみれば、2019年が予想されます。2019年で起きることは2021年まで続きますので注意が必要です。

例）地震なら震度5以上、火事なら5軒以上の延焼、事故なら5人以上の巻添い、テロ、放火、殺人、隕石落下、爆発、水害、雪崩など。

【2019年1月1日】2019年　時間を大切にする

自分に与えられた時間はあと何時間あるのでしょう。限りある時間を大切にしていますか？

自分の持つ最大の資源は時間です。

時間は誰にでも平等に与えられています。ですが時間の使い方の上手な人と下手な人がいます。

先を見据えて行動しなくては時間に追われてしまいます。

後で片付けよう、明日しようと用事を後回しにする人は時間に追われます。反対に段取りよく順次片付ける人や時間配分ができる人は、1歩ずつ確実に前に進むことができます。

2019年は「時間を大切にする」と「起こる」がテーマです。

2019年は変動することが多々あります。想像できない出来事が起きる可能性がありますので正しく判断してください。

2019年を日本語の一文字で書けば「起（おこし）」という字になります。今年の十干では己（つちのと）、走る字と己で「起」という文字になります。走る偏を使うように、今年はスピードがあり、物事が変動していきます。

時間に余裕がないと「起こる」から「怒る」に変わってしまいますので自分を見失わないように努めてもらいたいと思います。

私たちは予告、予言を致します。本日より3日間で起きる5つの事柄にご注意ください。


【2019年1月4日】2019年元旦から3日で起ったこと

〇テロ　1日（0：10）
通行止めになった明治神宮への道で、逆走した車が初詣に向かう参拝者を次々とはね、8人が重軽傷を負った。容疑者は明治神宮に高圧洗浄機で灯油を噴射し火をつける目的が達成できなかったため人をはねたという自演テロ。

○台風　1日（15：00）台風1号　1979年1月2日9時に発生した台風1号よりも早く観測史上初。
○火事　2日（18：17頃）土佐清水市、中央町商店街付近で11棟が全焼の大規模火災、30戸が停電。
○地震　3日（18：10）熊本で震度6弱の地震が発生。帰省者たちの足を奪うが2年前の地震層とは距離も離れていた。
○隕石落下　3日（05：50頃）西日本で小惑星のカケラ、大気圏で燃え尽きなかった火球が落ちてきた。奈良、京都、高知、和歌山、徳島。
○株の変動
正月元旦から3日間で以上のようなことが起きた2019年は注意してください。また2021年まで続く場合があるので祈りが大切です。

【2019年1月6日】東北で平和の祈り 1

人は誕生の時に元気で生まれて来て欲しいと祈られ、亡くなった時には感謝の祈りを捧げられ、お別れをします。

「人は祈りで始まり、祈りで終わります」

2019年4月30日、平成最後の日に、平成最大の災害地で平和を祈りましょう。

平和の祈りをする前に「平和とは何でしょう⁉　子どもから平和とは何かと聞かれたら、なんと答えますか⁉」と質問をしてみたいと思います。

「平和とは何か」を日本語字典で調べると、社会状況が戦争や内乱が無く乱れていない状態と書かれています。

平和とは、戦争や紛争や内乱がなく、世の中が穏やかな状態にあることを表現しています。

また、心配やもめごとがなく、心が穏やかなこと。また、そのさまとあります。

日本は１９４５（昭和20）年8月15日に終戦を迎えています。その後の日本は〝平和な国〟です。戦争も紛争も内乱もないのですから、全国民、全員が平和なのです。

でも、平和と感じる、平和と心から思っている人が少ないように思います。

子どもたちはいじめや虐待で苦しみ、若者は低所得や職業難で苦しみ、大人は健康や年金、老後問題で苦しみ、その結果、年間3万人以上が自殺して自らの命を絶ちます。

平和は、心のとらえ方です。

苦しいから不幸と考えるのではなく、苦しい中にも幸せや楽しみがあります。

さびしいから不幸と考えるのではなく、さびしい中にも幸せや楽しみがあります。

辛いから不幸と考えるのではなく、辛い中にも幸せや楽しみがあります。

心から幸せと感じられる人は幸せです。

苦しい、さびしい、辛いという気持ちになるのは突発的に家族や愛する人と別れた時です。

災害や事故で家族や愛する人と別れた時、その気持ちは言葉では表現できないものです。平成の時代、一番死者や行方不明が多かった災害は、東日本大震災です。辛く、さびしく、苦しい7年間だったと思います。

だから、平成最後の日には自ら東北に行き、みんなの手でお詫び文を海に流して祈りましょう。心を込めてお詫びして、心を込めて平和に感謝して祈りましょう。

水に溶ける紙には亀を書きます。

亀は海の神様の使いと言われています。

日本昔話の浦島太郎でも出てくるように亀を助けることで海の神様から福徳を頂き、幸せなことが起こるといわれていますので、東北のお詫び文には亀を書き、亀の絵の枠中にお詫び文や故人の名前も書いてくださっても結構です。

お詫び文にお花も添えて流してくださることを切に願います。

【2019年1月12日】東北で平和の祈り 2

六角形の構造は一方向から強い力が働いても五方向から戻す力が働き、動きに対し強弱のバランスが取れるようになっています。

また、六角形は秘密の角があり雪の結晶、水晶の平面、昆虫の複眼、亀の甲羅など自然界の生物にも見ることができます。

六角形は力学的構造で最も安定した力を持っているために、国道の道路標識や新幹線、飛行機の構造体にも使用されています。

図形的にもバランスが取れていますから、東北で流すお詫び文の折り方は亀の甲羅と同じ六角形で折って仕上げてください。

お詫び文を書かれる方は、書いた後でお詫び文を両手で挟んで祈りを捧げてからお出しください。海に流す代表の方も祈りを捧げてから海に流してください。

たくさんの人がお詫び文を書き、たくさんの人の手で六角形の紙を折り、たくさんの人が同じ場所で祈ることでたくさんの人の魂が癒されます。

２００１年９月11日　同時多発テロがアメリカ合衆国で起こりました。

２０１１年３月11日　東日本を中心に地震が起こり、平成年号中での最大の地震が日本に起きました。

２０２１年６月11日　世界を揺るがす事件が起きる可能性があります。

いかなる災害も人口災害も止まる、止める思いで、みんなが１つになって祈りましょう。

思いを１つにするためには大勢の人数が必要です。人数は力です。平和を祈る力が必要です。

【2019年2月23日】宇佐神宮

九州がとても歪んで見えます。

今までと同じ地場は、福岡県の門司と宇佐、佐賀県の唐津と武雄、大分県の別府。

地場が下がった場所は、福岡県の久留米、熊本県の阿蘇、人吉、大分県の湯布院、宮崎県の高千穂、鹿児島県の霧島、長崎県の長崎で、九州の半分以上が下がったように見えます。地場が下がると水の被害も出ますので注意が必要です。

何度も繰り返される地震により、地盤沈下が進んでいます。場所によっては、25〜30㎝下がっているでしょう。

ですから、来年の九州の講演会で、村中愛さんには地場（磁場）の確認のために、歩いてもらうと決めました。

北九州の講演会の時に私たちは伝えました。

「来年の２０２０年のオリンピックまでに九州を全県回って欲しい」と。

「来年は九州全土を講演会して回ります」と、発表もしてもらいました。小川さんには事前に伝えていなかったので驚かれたと思いますが、気楽に考える時ではなくなってしまいました。

皆さんで波動を上げてもらうしか方法はないのです。まだ今は来年の動きについては詳しく伝えることはできませんが、９の字を書くように九州全土を進んでもらいたい。

今は取り急ぎ、薦神社《こもじんじゃ》の池に、水晶球を投げにいく人を探して欲しい。日高さん、日向さん、長崎さん、宮本（宮元）さん、池さん、森さん、泉さんという姓の人にお願いしたい。

【2019年2月24日】さらに時間が短くなる

２０１９年後半から再度時間が短くなります。

17時間を切りますので時間の配分を決めて行動して行きましょう。

特に、朝と夕の時間配分をしなくてはいけません。抜けた時間に追われ、時間に付いていけなくなります。

今年の前半は時間が17時間20分ありますが、後半は時間のスピードが進み、17時間を切るので用心してください。

宇宙には直接的な引力は無いのですが、宇宙の星が消える度に地球も微妙に引っ張られて自転作用に影響し、時間が消えていきます。

時間には30分の余裕を持ち行動をしましょう。

【２０１９年2月25日】水晶龍を配置する

早く、水晶龍を全国、全市に配置しなくてはいけません。当初１０００体と申し上げましたが、日本全体が腐敗するスピードが早まっています。47都道府県に全て配置すること、また各市にも配置すること。

アイラブストーンは早急に龍の配置図を完成させなさい。そして各県に配置している水晶龍の現状を表に出し、特に水晶龍が入っていない県や市に呼びかけなさい。

お金があっても龍の配置が無ければ、家や土地に亀裂が入り住めなくなります。田畑があっても亀裂が入れば農作物も作れません。明日の生活ができなくなるのです。

愛と光の本を読まれた方々が、これからは川越の店舗資金を出してくれます。水晶龍を購入して土地を守らなくては大きな地震に見舞われます。

地震が来てからでは遅いのです。

早めに水晶龍や石の龍を設置して、地震や噴火を未然に防がなくてはなりません。

急ぎなさい。

地震は足元で大きく唸っています。

黒い津波が襲えば、ひとたまりもありません。黒い津波は30センチの波で歩行を阻止してしまいます。肺に入れば大病を患います。

10センチ以上の龍から30センチの龍が日本に早く配置されれば、全てを回避することはできなくとも地震や噴火を遅らせることはできます。

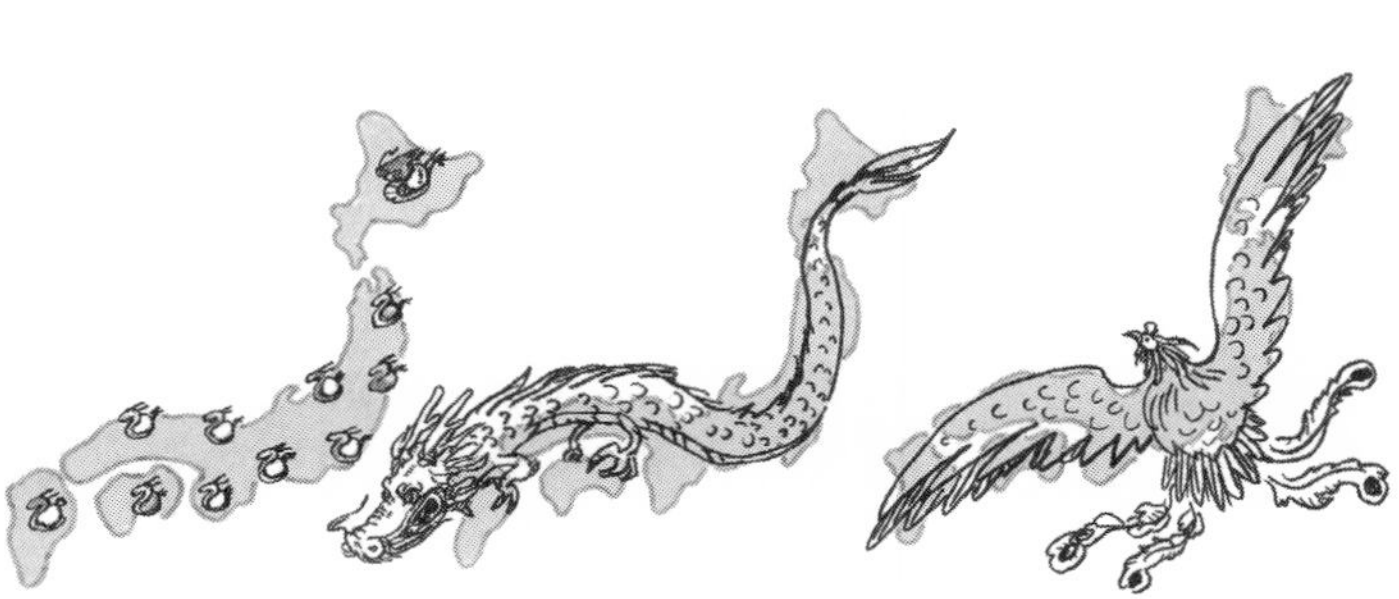

全市、全県に早く龍が配置されるように地図を急ぎなさい。

そして、公表するのです。

村中愛が選んだ龍は駒なのです。

先手、先手で進みましょう。

このままでは大きな地震に飲み込まれます。

【2019年2月27日】黒い津波

日本には大きな地震層がたくさんあります。その中でも気になるのは黒い津波と言われるヘドロです。

安房鴨川の『黒川低地断層帯』や久里浜の『三浦半島断層群』や駿河湾の『富士川河口断層帯』が動けば黒い津波が襲ってきます。今、日本を襲う最も怖く、恐ろしいのは駿河トラフと相模トラフです。

駿河トラフは海の〝漆黒の闇〟と言われる、大きくて深い谷があります。

この深い谷は、南海トラフに続いています。そしてもう1つ同じく深い谷が〝暗黒の闇〟と言われる相模トラフで関東地震につながると言ってもよい巨大地震層です。

駿河トラフは〝漆黒の闇〟相模トラフは暗黒の闇〟と言われ、どちらにも黒の字が書かれています。黒は東日本大震災でも問題になった『黒い津波』を意味しています。

黒い津波とは一言で言えば、ヘドロです。人間が作り出した黒いゴミが原因で多くの人が亡くなるのです。この黒い津波に関してはＮＨＫでまもなく放送されますので多くの人の目に留まるでしょう。東北の自然豊かな場所でなぜ黒い津波、ヘドロがあるのでしょうか。

駿河トラフ、相模トラフ、どちらが動いても関東はヘドロで覆われてしまいます。洗っても洗ってもヘドロは退きません。目に、口に、肺に、臓器に貯まったヘドロは体液に溶け出すことはなく、体外に排出されないため、癌よりも怖い病となってしまいます。

そのためにも今、何をするのか考えなくてはいけません。

答は何度もお伝えしました。

４月30日東北で平和の祈りを捧げる。

亀のお詫び文を１人でも多く書き、祈り、流す。

水晶龍や水晶玉を47都道府県全県、全市に配置する。

『地震を起こさない。原発は稼働しない。戦争はしない。人と人は戦わない。核兵器は作らない』と強く心に思い信じ祈ることです。

平和は小さな佳きことを積み上げたうえに花が咲くのです。

【２０１４年４月18日】心が痛む人災事故

心が病んでいます。こんなに豊かな国で何を苦しむのでしょう。

日本は、食べるために1日30キロの道を歩いて食料配給をもらいに行く必要はありません。

日本は、食べるために10キロの道を歩いて水を汲みに行く必要はありません。

日本は、飢えと貧困で死ぬこともほぼありません。

日本は、学びたいと思えば、環境が整った場所で学ぶことができます。

しかし、自分達が恵まれていると思っている日本人は少なく、不安や心配を常に心の中に持っています。日本は世界の中でも裕福な国と言われています。ですが、心の底から笑っている人は少ないように思います。

自由な国に生まれているのに、自殺者が多いのは何故でしょう？　ここ数年、自殺者が減りました。ですが、自殺をして24時間以内に死なない場合は数に入れないので自殺者が減ったように見えるだけで現実は異なっています。

人は死んで花は咲きません。花は生きてこそ花であり、花は最後まで美しく咲き、輝いてこそ花です。

悲観し、絶望する前に外に出て、大きく空気を吸うことです。

太陽の柔らかな日射し、風のせせらぎ、草花の香り、すべて与えられています。

自然の生きものは自らを枯らす力を持っていません。全てをあるがままに受けとめ、枯れるまで生きています。

人間も生きるために生まれてきました。命の限り生きなくては生まれて来た価値がありません。

人は人の命を奪ってはいけません。「誰でもよかった」と言って他人を巻き添えにする人がいます。尊い命を奪う権利は誰にもありません。人が人を殺す行為は許されるものではありません。今日の文章は短いですが、長く書けば的外れになるので、あえて短い文章です。

【2019年3月11日】水晶龍と水晶玉

自宅に水晶龍と水晶玉を置く必要性と効能についてご説明いたします。

【2019年2月27日黒い津波】と【2019年2月23日宇佐神宮と九州の歪】でお伝えしましたように、安房鴨川の『黒川低地断層帯』や久里浜の『三浦半島断層群』や駿河湾の『富士川河口断層帯』が動けば黒い津波が襲ってきます。

今、日本を襲う最も怖く、恐ろしいのは駿河トラフと相模トラフによる巨大地震です。

駿河トラフと相模トラフは今はゆっくりと動いていますが、九州と北海道の地下で異常な揺れが続いている影響で九州がとても歪んで見えます。このままですと近い将来に日本の中心に大きな亀裂が入る恐れがあります。そこで全国の皆さまに1日も早く、1個でも多く、自宅には水晶龍と水晶玉の設置を、そして、水の浄化と土地の浄化と土地の地場を整えるために水晶玉を自然湖に奉納していただき、湖や池に住む龍神や八百万の神（自然神）の再来を願います。

人間は数々の人工物を作って来ました。その中には作ってはいけないものもあります。すべての中に目に見えるものと、目に見えないものがあります。目に見えないものにも感謝申し上げ、心から隣人を愛し、敬いながら自然と共存して欲しいと願うものです。

そのためにも今、池や湖には、過去のお詫びと世界の平和・安泰を祈って水晶玉を奉納していただき、自宅や会社には浄化と魂の目覚めのために、水晶龍と水晶玉を安置（設置）して欲しいと願っています。

また、地場が悪い、不安だと思う人は水晶ポイントを土地の四隅に埋めることで、地場のエネルギーを上げることも出来ます。

水晶

水晶は、眠った才能や能力を目覚めさせ思考を開花させます。

水晶は、記憶力や集中力を高めます。

水晶は、魂を清め、潜在意識の中に残る負のエネルギーを清めます。

水晶は、自己の意思を高め、願望を可能に導きます。

水晶は、潜在意識を活性化し、自分本来の能力を引き上げます。

水晶は、パソコンや電気器具の側に置くと電磁波を軽減します。

水晶は、土地、家、場を浄化し清めます。

水晶は、負のエネルギーが残る場所でも安心して住めるように場の波動を変えることが出来ます。

水晶龍

水晶龍は、土地や家に関わる負のエネルギーをはじき飛ばし、善なるエネルギーを高めます。

水晶龍は、地域の鎮守的役割を致します。

水晶龍は、自然災害、人工災害等の災難を最小限に抑えます。

水晶龍は、土地や人の善なるエネルギーと共鳴し、更なる癒しの空間を作ります。

水晶龍は、浄化と魔除けとして家、土地、人を守ります。


【2019年5月10日】日向灘地震（08：50）

地震に気をつけてください。

豊後水道で地震が起きました。

震度6以上のようです。

この地震は本震ではなく予震です。

本震が来ないように祈りが大切です。

豊後水道は九州と四国の間にあります。豊後水道、気をつけてください。

同じく徳島と和歌山の間、紀伊水道も要注意。

5月18日までは、特に西日本に祈りを捧げてください。

【2019年5月15日】九州の歪　スロースリップ

2019年2月23日、宇佐神宮でもお伝えしましたが、今、急激に日向灘方角に地面が滑っています。地面の動きを見たら分かります。北西方向に動いています。

プレートが固まって動かない固着域にスロースリップが起き3㎜動かしました。地面の動きで海底のスロースリップを計ることができます。地球の中心軸も北西に動いています。

そのために温度の変動が起こっています。時間も短縮されています。

【2019年5月18日】日向灘の地震と九州南部の大雨（04：21）

一昨日から九州南部では湿った空気が流れ込み広範囲で雨が降っています。

宮崎県や鹿児島では猛烈な雨で多くの人が足止めされ、今も局地的な豪雨です。

種子島や屋久島の方々は土砂崩れや川の増水、雷雨など引き続き注意してください。

また、強い風が吹き、台風かと思うような風速、突風から、停電にもご注意ください。

外出される方は水位や強風に注意してください。

九州、日向灘に起こると予想された地震を大量の雨で冷やしています。

18日までに起こると予想した本震地震7の大きな地震は分散され回避の方向に進んでいます。

ですが、まだ祈りは大事です。

備蓄を心がけている人は安心です。

今後も備蓄を心がけてください。
箱根山の噴煙にもご注意ください。

【2019年5月21日】泡の花

日本の海岸に泡の花が咲いています。
泡の花は、小魚が死んだ後に出る泡で決して良い例えではないのですが、泡の花が咲く恐れがあります。海水温度が上昇しています。

【2019年5月31日】無差別な殺人行為（07：00）

悲しい事件、事故が多発しています。私たちは警告しました。子どもの頃にかけた愛情が少ないからこのような悲しい事件が起ります。
今年元旦のメッセージも考えてみましょう。

【2019年1月4日】2019年元旦から3日で起ったこと　抜粋

テロ　1日　00：10　通行止めになった明治神宮への道で、逆走した車が初詣に向かう参拝者を次々とはね、8人が重軽傷を負った。容疑者は明治神宮に高圧洗浄機で灯油を噴射し火をつける目的が達成できなかったため人をはねたという自演テロ。

自演テロのような事件が1番にあげられています。

今年になって何度、子供を巻き込む事故や事件が起きたでしょうか？　事故や事件が類似しています。日本のエネルギーが下がっているために似たような犯罪が続出します。

2019年は「時間を大切にする」と「起こる」がテーマでしたね。

2019年は変動することが多々あります。想像できない出来事が起こる可能性がありますので正しく判断してください。

2019年を日本語の一文字で書けば「起（おこし）」という字になります。今年の十干では己（つちのと）、走る字と己で「起」という文字になります。走る偏を使うように、今年はスピードがあり、物事が変動していきます。

時間に余裕がないと「起こる」から「怒る」に変わってしまいますので自分を見失わないように努めてもらいたいと思います。

信じられないような事故が起きます。無差別な事件も計画的な事件も起きます。

2019年はいろんなことが起こる、変動的な年ですから、起↓怒りになります。

ここで1996年のメッセージを再度伝えます

【1996年8月17日】刃物で人を斬ることなかれ《全集①》

迷いて人を斬ることなかれ、刀に使われぬよう、己をとくと磨くべし
迷うて迷いて人も自分も殺すことなかれ、霊（憑依）や迷う人（精神）に悩むことなかれ、己を磨けば迷うことなし

日本では刃物で人を斬る犯罪が増え、陰険で邪悪な犯罪が多発します。

自分を防御出来ない若者が刃物で人を殺します。


【2019年6月3日】愛を知らない人（23：55）

親に愛されず、拒絶や否定の中で育った人が多いから悲しい事件や事故が多いのです。

今年は起こることから始まっています。起こることは怒るに通じています。

怒る字は「女」の人の「心」が「又」怒りに変わると、次々と悪影響を及ぼしていきます。

2019年は女性が、〝愛〟と〝喜び〟と〝楽しみ〟であふれなくてはいけません。

女性が泣けば夫婦関係が崩れます。女性が育児放棄をすれば子どもの心が閉ざされます。

女性が怒れば家庭崩壊が起きます。妻や母が自分の役割を忘れ違う男性に心を奪われていきます。

愛を知らない人の想念が次々と悪事を起こしていきます。

愛情を知らない人が殺人を起こします。

善し悪しの判断で人を裁くのではなく、起こした行為の裏側、生きてきた家庭（生きてきた過程）を見てあげてください。

【2019年6月19日】梅雨と山形沖地震（07：25）

本来なら、梅雨は沖縄から始まり、九州、中国、四国、近畿の西日本各地から梅雨入りを発表されますが、今年は梅雨入りの逆転現象が起きました。

2019年6月7日、東北南部が梅雨入りし、45年ぶりに東北が近畿よりも先に梅雨入り宣言が出ました。

しかし東北の雨は本来の梅雨前線ではなく、寒気が入ったための大気不安定から起きている雨なので、今年は夏も不順な天気が続きます。

突然の雨、雹、雷や積乱雲にも要注意。

そして、昨夜の山形沖地震です。

昨夜は広範囲で軽い電波障害が起こり18時ごろから電話のつながりが悪かった人もいると思います。微妙に動く近国の動きと軽い電波障害も気になります。

さて山形沖新潟での地震の規模は6・7。

昨夜は津波報道があり、今朝も液状化が報道されていると思いますが、今回の山形沖地震は山間部の土砂崩れと地滑り、雨と地震。

山間部が多いので、備えて安心は備蓄用品と生活用品。

今後、２週間は注意が必要です。

【2019年9月5日】水没地域

日本は今、いたるところで水害による避難勧告や避難注意が出されています。１時間に50㎜以上降る可能性は40年前に比べると3倍以上増えました。

原因は今まで何度もお伝えしたように海水温度の上昇です。

日本は高台に住居や生活の場を作らなくてはいけないのですが、今の日本人は０メートル地域に住んでいます。

地下や０メートル地域に住んでいる人は注意してください。

特に千葉県、岐阜県、東京都、神奈川県、福井県、東北の全県、静岡県、愛知県、京都府、大阪府、広島県、山口県、福岡県、長崎県、熊本県、大分県、鹿児島県、沖縄県の皆さま。

東北の全県、すべての県が含まれています。

神奈川県、千葉県、東京都、福岡県、大阪府、一斉に大型台風や予期せぬ豪雨にあうと４５０万人が水害で自宅には帰れません。

早めの対策を考えましょう。４５０万人の内１人は自分であると意識してください。

【2019年9月11日】お粗末な対応

台風15号の爪痕は凄まじいものがあります。

だが、多くの日本人は気づいていない。

台風15号の報道がなぜされなかったのか？

疑問に思わない日本人に問いたい。

台風15号は関東上陸、関東直撃では最大クラスで首都圏での暴風や大雨は記録的だった。

台風15号は超大型の台風だったにもかかわらず、千葉県に上陸した9日朝、ＮＨＫも民放も7時の時点でテレビ放送は無かった。テロップも流れなかった。

だから、誰も台風の悲惨さに気づいていない。死者が少ないから良いという問題ではないはずだ。

また、千葉県知事の政府への自衛隊要請も無かった。大量の電柱が倒壊した。配電線も破損し首都圏や千葉県の停電は１００万戸に近いだろう。倒木が原因で工事が遅れるというが意図的に配電を遅らせている。

なぜなら日本国の大事な発表が控えているからだ。

第４次安倍再改造内閣を本日発表する。若手議員が安倍政権に八重歯を立てる前に配下に入れる。麻生派を上手く取り込んで『あ』安・麻派を不動のものにしたいと企んでいる。

9日朝、台風の真っ只中、台風15号は熱帯低気圧になったかのように処理された。

台風15号の停電は半端な数ではなかった。今も復旧は遅れ、体調を崩す人は徐々に増えていく。

ここで、もう1つ意味不明なコメントを出した気象庁の発言も気になる。

「夜には一気に世界が変わり猛烈な風、雨になるおそれ」と記者会見した気象庁の言葉をNHKや民放も8日昼にテロップで流した。世界が変わると表現したが、今もなお停電や断水で困っている人に「夜には一気に世界が変わり」と表現できるだろうか?!

世界が変わるほど大きな被害が出る恐れのある台風15号だったなら、もっと早めの電力供給の支援が欲しいものだ。

【2019年9月15日】台風停電は意図的に行われた

台風や地震で地形が大きく変わっています。

災害で土砂崩れが起きた場合、修復する土が必要です。そして国に修復のために土が欲しいと申し出ると、日本政府は危険な状態であるにも関わらず、福島第一原発事故で出た汚染土と草木などの廃棄物が入っている土を、台風災害や豪雨などで流れ被害のあった場所に持っていって埋めています。

そのために今まで綺麗だった土地が汚染され放射能が出るようになりました。

また、『原発がないと電気を作れない』と国民に思わせる。

『やはり原発は必要です。国の資源です。電気が無いと困りますよ』と涼しい場所で高笑いしている東電の役員も多くいます。

このたびの台風15号が原因で停電は最大時で90万戸を超えていました。

東電は見通しが甘いので確実な情報提供はできません。

２０１１年の東日本大震災でもこのたびの千葉の台風でも同じで、全てを曖昧のままに終わらせます。

福島第一原発事故後、経営が苦しい東電は電柱の交換や補強などの安全確保に甘さが出ていたことが大きな原因で、災害を未然に防ぐことに手が回っていない。

原発賛成を国民に知らせるために、千葉県の台風停電は意図的に行われたと言えます。

そして、千葉の台風の話題を消すために、すぐに続いて大きな台風が日本列島を襲います。

【２０１９年９月26日】伊勢湾台風

伊勢湾台風から60年が経過しました。

地下水のくみ上げが原因で東京の下町は沈下が進んでいます。

たかが1、2メートル沈下しても大丈夫と言う人がいますが、地下街や地下鉄も普及したため、10センチ程度の浸水でも深刻な被害が出ます。水害は足元で起きると思ってください。

千葉県に上陸した台風15号は大規模停電をもたらしました。

停電・断水・冠水は免れません、今後も伊勢湾台風クラスの大型台風は必ず上陸すると思ってください。

9月下旬なら海水温度25℃までが普通で30℃は異常です。

今の段階で9月下旬に海水温度が下がらないということは、再び大型台風が上陸するでしょう。

海水温度が高い場合、短時間で急速に台風は発達します。伊勢湾台風並みの大型台風が発生しないことを願っています。

【2019年10月8日】台風19号①（13：07）

台風19号の名前は「ハギビス」

フィリピン語で「素早い」と言う意味です。

19の数字でもわかるように『19　行く』を意味しています。

19号台風は台風の中心に爆竹が入っているように見えます。

雨の音、風の音、物が飛ぶ音がします。光が出ます。気をつけてください。週末まで待たずに早めに防災準備をしてください。

本来台風予報は、台風の目に合わせて進路を定めて行くのですが、台風19号は台風の目に合わせて進行方向を定めるとズレてしまいます。

今回の台風19号の進路方向はアバウト。

『進路の定まらない台風』と思ってください。

台風から離れた地域でも災害が起こると思ってください。

注意が必要です。

海水温度が高いことが大型台風が発生した原因ですから、台風は急激に力を落とすことはありません。

台風が自分の県に上陸する、しないは関係なく、日本列島が揺れると思って備えが大事です。

備蓄が大事です。

しかし、冷凍庫への備蓄は控えて、冷凍品は早めに食べて停電に備えてください。

必要のない外出も控えてください。

暴風暴雨に対して最善の配慮をしてください。


【2019年10月8日】台風19号②（15：40）

メッセージの中に『爆竹が入っている』と言う表現がありました。
今まで自然現象の中に人工と書かれているメッセージはありましたが、具体的に爆竹という表現はなかったものですから気をつけなくてはいけません。
2年前は関西空港
先月は成田空港
今月は羽田空港が狙われています。

関東から東北に未曾有の被害が起こります。
水害の大きな原因は海に打ち込んだ部位、電流が流れると海水に電気が走ります。
二酸化炭素と水素ガスを合わせれば簡単に海水温度は上がります。
でも海水温度は人間の力で上げられているのですから、これはたまったものではない。
海底では爆竹のように音がしている。

【2019年10月12日】台風の準備

台風の準備をお願いします。
雨戸が無い窓は、
○網戸を外して家の中に入れる。
○窓のカギをかける。
○養生テープを家の中から窓ガラスに貼る。
○養生テープ貼り終えたら、段ボールかプチプチをガラスにテープで貼る。
（ガムテープを使うなら糸入にする）
○カーテンを閉め、しっかりカテーンを洗濯バサミで上、中央、下を止める。
水が心配な人は、
○土嚢袋と砂を買って来て、家の玄関中に置いておく。

○水が家に入る恐れが出たら、土嚢袋を家の中から玄関に置いて水が入ってこないように抑える。
日常生活の注意は、
○大切な物は事前に2階に上げて置く。
○1階と2階に懐中電灯、ラジオ、ランプ、ろうそく、マッチを分けて置く。
（ろうそくを使用の場合は水も側に置く）
○風呂場の浴槽と洗濯機に水を入れて置く。
○家にある保冷剤を今から凍らせて冷凍庫に入れて置く。
○停電になったら、冷凍庫から保冷剤を数個出して冷蔵庫に入れる。
保冷剤を冷蔵庫に入れたら、冷蔵庫はむやみに開けない。
○車はガソリンを満タンにする。
○携帯電話の携帯充電器は電池式を買う。
○水や食料を買って備蓄する。（日持ちするもの、ガスや電気を使わないものを買う。
○服、下着、靴の予備を準備する。
○貴重品や薬を安全な場所に置いておく。
○外にある物、飛ばないように結ぶ。家の中に入れる。

【2019年10月13日】台風19号を考える

台風が関東を抜け、東北に向かいました。悲しいですが信じられないほど大きな災害が東日本で起こります。

今年の元旦にもお伝えしたように「起こります」

台風上陸の4日前から、私たちは村中愛さんにお願いしてフェイスブックやブログで台風に関して4回、お伝えしました。

9日には、「台風19号」

10日には、「関東と東北の方、急いで準備をお願いします」

11日には、「台風の準備をお願いします」

12日には、「龍をお持ちの皆さまお願い」

16日には、「お見舞い申し上げます」を入れていただきました。

しかし、今回の台風19号は被害も未曾有ですが、3つの利点がありました。

A　台風が東京湾を抜けなかったことで東京都23区の浸水被害が少なかった。

B　台風の上陸は本来なら10月11日の金曜日だった。平日で多くの人は会社や学校に出ていて被害にあう予定でしたが、台風の上陸が1日遅れ土曜日だったため、家族単位で避難ができた。

また家族力を合わせて家の補強ができました。

C　首都圏の空と陸の交通機関をほとんど停止。計画運休を実施した。

a　東京都直撃で30〜60％浸水被害
b　家族単位の避難
c　交通機関の計画運休

【2019年10月15日】千葉の災害と東日本の災害

千葉が災害にあう理由
○治水行政が不十分で川が浅く、川の泥が除けられていない。
○九十九里浜平野から海に流れる大きな川がない。
○防災対策がなされていない。
災害が起きると、その場所は自然の目印となり、何度も襲われる。

2011年3月11日の東日本大震災の災害よりもこの度の台風15号、19号、他は東日本広範囲に傷跡をつけてしまった。

15号台風と19号台風で終わりと思わず、国と各県は万全な対策を取らなくてはいけない。

このままで行くと東日本沈没になりかねない。

東日本は大きな災害に見舞われる。これから先、通信機関はダメだと思ってください。

山間部だけでなく、災害が起これば孤立する。動けないのは普通と思ってください。

「水道はない」、「電気はない」、「交通手段もない」と自覚していれば、必然と何を準備すれば家族が2週間生き延びられるかを考えるでしょう。
想定外、想像外の言葉はすでに死語でしょう。

【2019年10月16日】オゾン層が小さくなった……だが、

地球に住む、先進国の皆さまが真剣に話し合い、フロンガスなどの破壊物質を排出しないように努めてきた結果、成果が出たと喜んであげたいのですが、残念ながらそんなに簡単ではありません。

南極上空で『成層圏の突然昇温』という現象が8月に数回起こりました。その突然昇温は数日間で50度以上も上昇したことで南半球では観測史上最大規模のものでした。

成層圏の突然昇温が起こるとどうなるかといえば、オゾン層を破壊する『極成層圏雲』が減少してオゾンホールが小さくなります。

ですが、実際オゾンホールは縮小したままではなく一時的に小さくなっただけで、オゾンホールは再び大きくなります。

オゾンホールが多くなれば太陽からの有害な紫外線が降り注ぎます。

オゾン層は地上10~50キロメートルの成層圏と呼ばれる高層に存在しますから、太陽からの有害な波長の紫外線を吸収してくれていて、人間の身体や生態系を保護してくれています。オゾン層が1パーセント減ると皮膚の炎症や皮膚ガンの発症率が5%増えますから、今以上に注意が必要です。

【2019年10月17日】思いが伝わらない

何度もお伝えしました。信じない人に未来はない。

信じない人に鼻を抑え、口を開けさせ薬を飲ますことはできないのと同じで、私たちのメッセージも信じない人には届かない。助けたいと思いメッセージを出しても、信じる人が少ないから助かる命も助けられないことが悲しい。

断捨離をして物を捨ててください。

備蓄をしてください。

自給自足をしてください。

海水温度が上がり地球はマイナス45℃、プラス45℃で90℃の差が出ます。

台風は年々大きくなり最大で880パスカルの大きさになります。

東日本では災害が多く住めなくなります。

私は大丈夫と思わず命を大切にしてください。

物事が起きてから討論をしても、なにも変わらない。机の前で椅子に座って、話し合っても現場はわからない。

【2019年10月22日】高熱の中で思い出したこと　村中愛の思ったこと

言わなくてはいけないことってなんだろうって、考えましたがわかりません。

個人的なことは日々ありますが、個人的なこと以外、そんなに大事に思えることが浮かびません。

考えていると、頭がボーっとし始め、歩くとフラつくし、身体が熱い。

熱を計ると39・5℃もあり急いで布団の中に入りました。朝方寒くて震え、布団を出しましたが震えは止まりません。

寒くて震えているのに、1999年6月6日に言われた言葉が突然頭をよぎり携帯電話に打ちこみました。

2014年4月14日に言われた言葉も思い出しました。

1999年の話、箇条書きにするとこんな内容だったと思います。

メタンハイドレートは地震の上にある。

メタンハイドレートはダイヤモンドよりも価値なもの。

メタンハイドレートは誰でも掘れないが小川雅弘氏なら掘れる。なぜなら人を巻き込む力を持っている。

メタンハイドレートは石油に代わる資源。

メタンハイドレートは日本国の前にある。

メタンハイドレートは安全で人々を救える資源。

メタンハイドレートを掘り、退ける事で地震の起こりを防げる。

ここからはメシアメジャーが追加した内容。

メタンハイドレートは日本近海だけに多くある。なぜなら地震層が集まっているからである。

メタンハイドレート、日本の側には４つの大きな地震層がある。地震を悪と見るのでなく、地震を善として地震を味方につける。

地震は自信であり自身である。

生き物のように動く地震層がメタンハイドレートの下にある。

地震がお宝（メタンハイドレート）を生み続けてくれるのだからお宝をもらえば良い。

メタンハイドレートがあるから地震層があるのか?! 地震層があるからメタンハイドレートあるのか今は誰にもわかっていない。でも答えは、地震層があるからメタンハイドレートが生まれる。

ただ、温暖化が進んだ１７０００年前もメタンハイドレート層が破け放出（爆破状態）したことがある。

同じことが起きれば地球自体が微塵になる。だからお宝を抜けば良い。

日本人が日本を助けなくてはいけない。

思い出したこと２つ目。

メシアメジャーが２０１５年世界14万４０００人平和の祈りは小川さんにとっては通過点と２０１５年に言われたが、まだ、何も始まっていない時のことだった。

来年は最終年。その前に方向転換しろと言われている。

【２０１９年11月１日】地球が爆発する①

『地球が爆発する』って?!

『冗談だよ』と言って笑っている人がいるけど、爆発の危機に来ています。

先月も、メタンハイドレートの話をしました。

地球爆発はいつ起こっても不思議ではない状態。なぜなら、温暖化でメタンハイドレートが溶け始めたから。

世界各地の大陸棚付近の海底には高圧低温により氷状になったメタンハイドレートが大量にある。これが温暖化により溶け出せば地球爆発は必然と起こる。

メタンハイドレートと地震と温暖化、３つのことは大きく繋がっていて、メタンハイドレートを掘ることで爆発は免れる。今回３度目の危機に地球は来ている。

【２０１９年11月３日】地球が爆発する②

世界各地の大陸棚付近の海底には、高圧低温により氷状になったメタンハイドレートが大量にある。これが温暖化により溶け出せば地球は爆発する。

ノアの方舟、地球全体が海になったのも同じことだった。

【2019年11月5日】中央構造線とメタンハイドレート

いろいろと謎が解けてきましたので写真（下図と次ページ図参照）を送ります。村中愛さん、インターネットを開いて下されば、必要な写真をお教え致します。

四国の沖は地震回数が極端に少ないことが分かります。メタンハイドレートを掘るには適しています。

過去500年の地震に高知県沖に地震が起こっていないことが分かるはずです。

地震とメタンハイドレートは関連性があります。地震層にメタンハイドレートが大量にあります。

メタンハイドレートがある場所です。日本は真っ赤です。日本は世界一メタンハイドレートがあります。世界一経済力があります。世界一地震が多い国です。

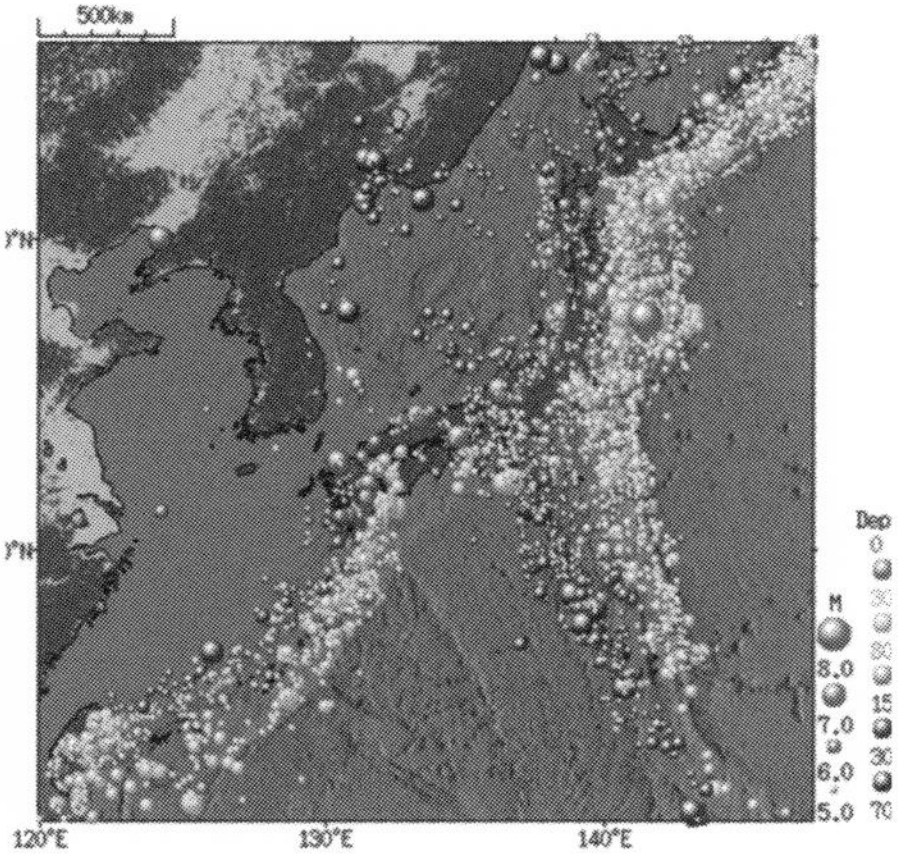

【2019年11月13日】地表面熱と海水温

九州の阿蘇山も桜島も噴火、小刻みに揺れています。噴火の原因は地表面熱の上昇です。

地表面熱と海水温度、両方とも上がっていますからウルトラマンでいえば胸の警報機が鳴っている状態です。

地表面熱と海水温度、どちらも上がりました。アイスランドの氷河、インド洋のハリケーン。

ベネチアの水没、フィンランドの火災もオーストラリアのシドニーの火災も地表面熱と海水温度

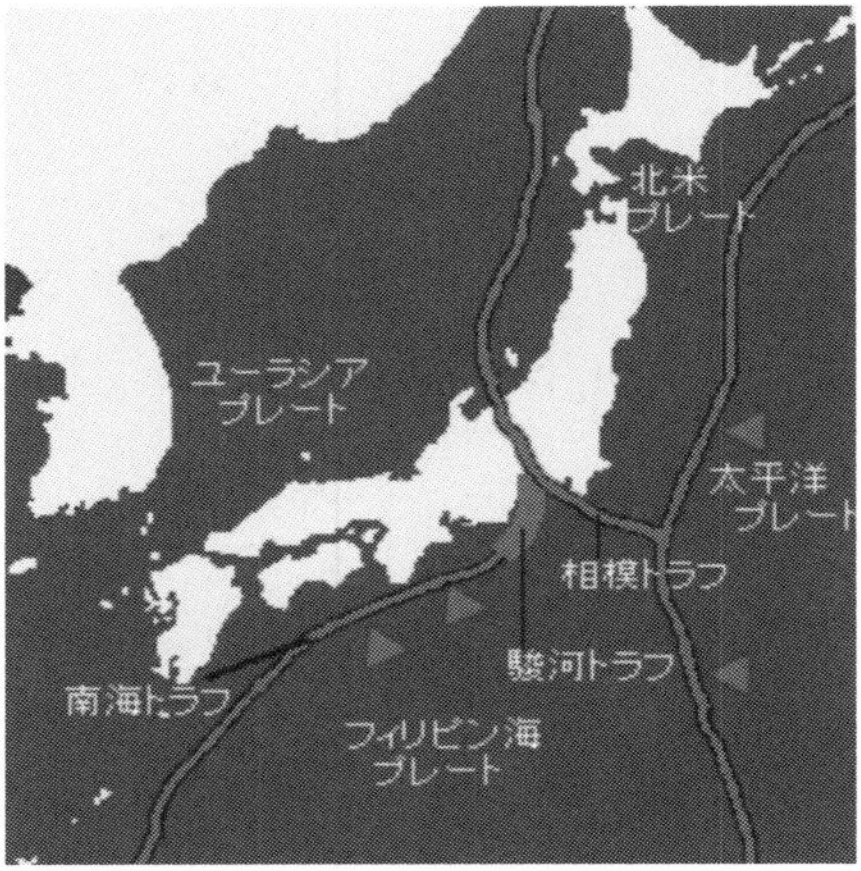

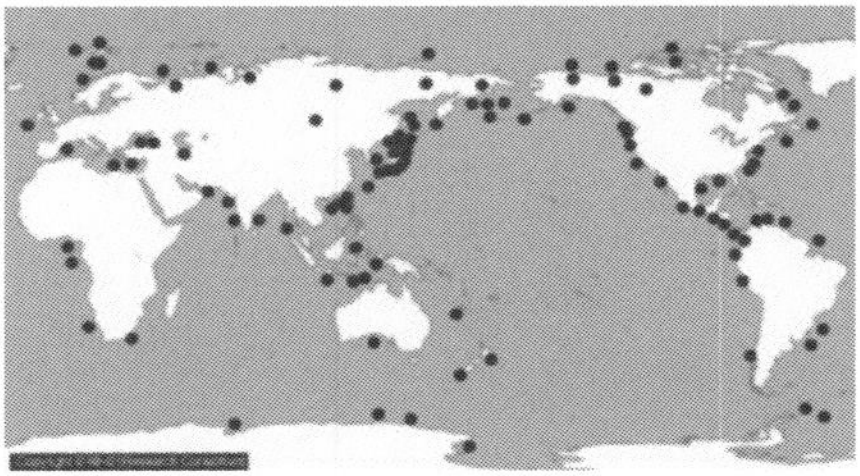

が関係しています。もはや手遅れの状態と言えますが、最善の力を使ってから嘆いても遅くないと思います。

【2019年12月4日】二重に重なると考える

2020年は20と20が重なります。20は二重と言え、重なると思ってください。地震がおきれば、地震に火事が重なる。地震に津波が重なる。暴風に満月が重なる、台風に地震が重なるといった状況になります。つまり、最悪が重なって起こると思ってください。油断は禁物です。2020年は断捨離できない人は、容赦なく災害で捨て去られます。大事なものは管理して残す、要らない、必要ないものは事前に捨てておかないと強制的に捨てられます。そうです、災害ゴミとして捨てられるのです。大事なものだけ残す努力を致しましょう。

2019年お金を使いすぎた、右から左にお金が動いた、お金が留まらなかったと思う人は普通です。

2020年2月2日までの間にお金は使いなさい。喜んで使えばお金は帰って来ます。人に喜んで差し上げなさい。心の中に刺す心がなければ大丈夫。2019年に使ったお金は友達を連れて帰って来ます。

財布に入っている古いレシートを捨ててください。必要のないポイントカードを捨ててください。金運を上げたいなら、古い財布も捨てなさい。

2020年の運気を上げるには家内外の不要なゴミを捨てること。

【2019年12月5日】被災の連鎖（22：05）

災害にあった場所が増えて来ました。年々増える災害に心が痛みます。

災害から1週間、1か月、3ケ月と経過すると家の片付が済んでしまうと思っている人が多いようです。しかし、1年経過しても、3年経過しても現状はそのままで、中途半端なままです。

2011年3月11日東日本大震災後の被災地はどうなっているのでしょうか？

2019年9月9日台風15号は千葉県千葉市付近に上陸しました。大変な被害が出ました。その後はどうでしょうか？

食べ物はありますか

電気はつながっていますか

蛇口をひねると水は出ますか

ライフラインの復旧はどうですか

災害で

電気が止まるだけなのに

電車が止まるだけなのに
水道が止まるだけなのに
人は、便利に慣れすぎて生きていけません
今、便利さも含めて生き方を考え直す時にきています。

大変な出来事をいっぱい受けて今も尚、苦しんでいる人がいます。

海水温が1度あがると600万人に影響します。

今、刻刻と氷河が溶けています。そのため海水の塩分が薄まっています。水かさが増えるので浸水区域が増えます。

今年の災害関連死での死者数は何人か知っていますか？

長期交通ストップ、山間部や沿岸の道路は全て回避したのでしょうか？

国の経済、活力の落ち込み、今も続いています。

災害ゴミはどこに持っていくのでしょうか？

このまま災害が続いていくと日本を見切る外国人がたくさん出ます。

外資系は日本から離れていきます。

【2019年12月13日】海底で異変が起こっている

日本の近海で異変が起こっていると言われていますが単なる異変ではありません。

海水温が、たった1度上がるだけで海の生態が大きく変化して死んでしまいます。

外気の1度と海水の1度とは大きく違い、深刻な状態、危機に陥っています。

食物連鎖網の底辺を支える生物の変化は今、深刻な時に来ています。小さな生物であるプランクトンが食物連鎖網の底辺を支えているのは皆も知っているはずです。

動物プランクトンと植物プランクトン、どちらが減っても地球では生きていけません。

植物プランクトンは世界中にある酸素のほとんどを生み出す植物のような細胞です。

二酸化炭素を吸い上げて出す酸素が無ければ人間は生きていけません。

いや、人間だけでなく地球上にいる全ての生物は、海にいる小さな生き物のプランクトンに生かされているのです。

プランクトンは海水温が上がると元気がなくなり、水が温かくなると養分が減ります。

クジラやイルカ、マグロやイカが減っていくのには理由があります。

海水温が上がれば生きていく術がなくなるのです。

村中 愛　むらなか あい

1954年９月１日生まれ。 高知県出身。

人、家、土地、霊など、言葉なき声を聞き取る能力を持つ。

1987年から、シリウス星・プレアデス星のメシアメジャーと名乗る７人のグループからメッセージが届き、現在も記録を取り続けている。

浄化専門店（パワーストーン）を経営しながら、講演会、個人セッションなどに力を注いでいる。

株式会社　愛乃コーポレーション　TEL／FAX　088-881-6193

村中愛のホームページ　http://ilovestone.net/index.html

アイラブストーン高知店　高知県高知市神田1038-１

TEL／FAX　088-831-0711　mail @ ilovestone.net

アイラブストーン川越店　埼玉県川越市喜多町１-15

TEL／FAX　049-298-7613　kawagoe @ ilovestone.net

メシアメジャー予言編
変動マップ

第一刷　2020年4月15日

著者　村中　愛

発行人　石井健資
発行所　株式会社ヒカルランド
〒162-0821　東京都新宿区津久戸町3-11　TH1ビル6F
電話　03-6265-0852　ファックス　03-6265-0853
http://www.hikaruland.co.jp　info@hikaruland.co.jp
振替　00180-8-496587

本文・カバー・製本　中央精版印刷株式会社
DTP　株式会社キャップス
編集担当　高島敏子

ISBN978-4-86471-863-9

【個人セッション内容】

相談者の個人的な悩みを聞きながら、霊視、透視を行います。

四柱推命や姓名判断など複合的な視野から問題を解決していきます。

過去世のこと、今世のこと、未来のこと、本当の自分を知りたい。

自分や家族のこと、健康や病気のこと、お金や財産のこと、人間関係など。

１番知りたいことや悩んでいることなど、人には話せない心の中に秘めたことでも、気軽に相談していただいて大丈夫です。ただし本音で話しをしてください。

上手くお話ができないと思う方は、お写真・家の見取図をご持参ください。

ご家族の方やご友人のことなどの相談はお写真をお持ちいただくとより詳しく、アドバイスや助言をすることができます。

生年月日と家族構成についても、お申込み時の記入欄にご記入ください。

相談内容は、１つか２つに考えをまとめて、記入欄にできるだけ詳しく、具体的に、ご希望の内容をお書きください。

★よくあるご相談内容の具体例★
（家庭、経済、健康、病気、仕事、不和）
◯自分の過去世と現在のつながり
◯家族間の問題、相続、固執
◯友人との関わり、人間関係
◯四柱推命・姓名判断
◯土地や家の浄化
◯病気でないのに体調が悪い

神楽坂♥《ハート》散歩
ヒカルランドパーク

＊愛の〈神様と龍〉のおはなし会＊

ある日、普通の主婦だった村中愛さんのところに突然届いた「宇宙存在　メシアメジャー」からのメッセージ。
その後、愛さんの人生は一変！！！　そして33年間もの間に受け取ったメッセージを今でも記録し続けています。
宇宙も地球も人間も、すべてが大変革のいまこの時、私たちはどうしたら、より良く幸せに生きられるのか？
村中愛さんと一緒に、メシアメジャーのメッセージを分かち合いながら、少人数形式で、愛のおはなし会を開催させていただきます。

日時：2020年６月27日（土）　午前10時～午後12時
料金：8,800円（税込）
募集人数：約15名

＊愛の個人セッション＊

日時：2020年６月27日（土）
募集：４枠
料金：38,000円（税込）

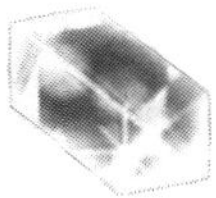

時間：１枠70分　①～④は申込の先着順でお選びください
①13：30～14：40
②14：50～16：00
③16：10～17：20
④17：30～18：40

『愛と光』の本　プレゼント

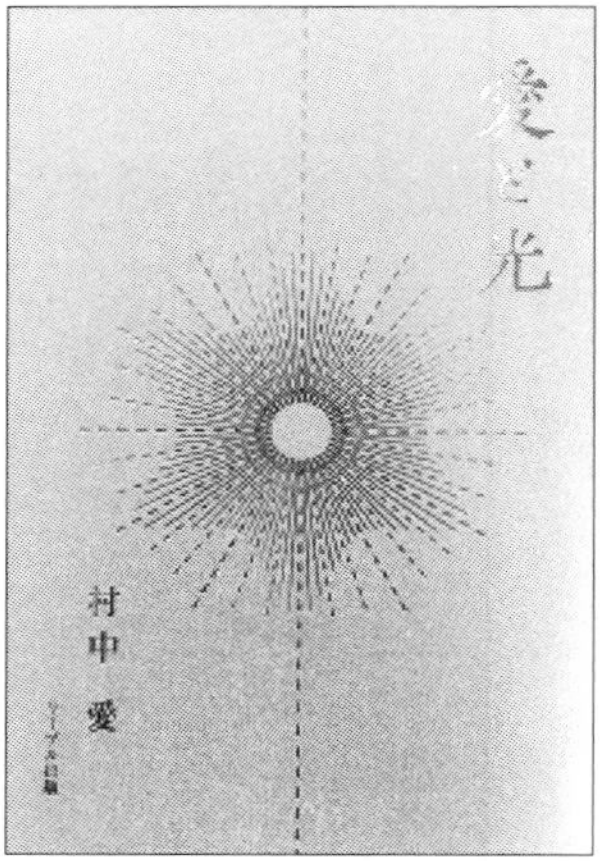

メシアメジャーからメッセージが届きはじめて33年が経過しました。

その間には数限りないメッセージや出来事があり、泣いたり笑ったり現在のような幸せを感じる日々が訪れるとはとても思えませんでした。

メッセージは年月が経ち解禁となり2016年から本を出版できることになりました。17冊目の本である『愛と光』は、これまでの感謝を込めて、ほとんどの方がご存知ない裏話を中心に「霊界」「お金」「癒し」「川越」をテーマにして自費出版で無料の本を作りました。

是非皆さまのおそばに置いて頂き何かのご縁に読んで頂きたいと心から思っています。ご希望の方はアイラブストーン高知店までご連絡下さい。

なお、『愛と光』は、村中愛の講演会、個人セッション時に、アイラブストーン高知店、川越店で手渡しで配布もしております。

他の本の購入者の方でご希望が有れば抱合せでお送りすることもできます。

感謝　村中 愛

＊村中愛の有料メールマガジン配信中＊

1987年からメシアメジャーのメッセージを受け取り、33年間に渡るメッセージの数は2,300編を超えました。

メッセージの内容は、人が全く予期せぬことや想像すらできないことが次々と送られてきます。

そしてメッセージの内容の85%ほどは現実に起きています。

私たちはどのように生きれば幸せになれるのか？

どのように考えて行動すれば楽しく生きられるのか？

未来を変えるためにはどうすればいいのか？

宇宙存在メシアメジャーからの貴重なメッセージを皆様のもとへお届けいたします。

村中 愛　愛乃コーポレーション

年間スケジュールご案内

A 愛の知恵袋

『おばあちゃんの知恵』的な内容で重くないお話をします。

場所 アイラブストーン川越店　川越市喜多町1−15

開催日

A-1	1月25日(土)	金運と人脈運	終了
A-2	2月26日(水)	話し方と聞き方	終了
~~A-3~~	~~4月10日(~~	中止 ~~家族に生まれてくる目的~~	
A-4	5月15日(金)	片付けと断捨離の違い	
A-5	6月12日(金)	健康な身体	
A-6	7月23日(木)	悩み癖を手放す方法	
A-7	10月16日(金)	引き寄せの法則	
A-8	12月15日(火)	お正月とは	

詳細 時間…13:30〜15:00(お話)
ふれあい時間…15:00〜15:30(飲み物·お菓子の時間)
お飲み物は各自お持ちください。
お菓子の持ち込み、差入もOKです。
料金…当日払い 3333円
（前日までの振込払い3,000円）

定員 38名

B 有料個人セッション

村中愛の有料個人セッション、
アイラブストーン川越店2階で行います。

場所 アイラブストーン川越店　川越市喜多町1−15

開催日

B-1	1月18日(土) 終了	B-2	1月24日(金) 終了
B-3	2月21日(金) 終了	B-4	2月24日(月) 終了
~~B-5~~	~~3月21日(土)~~ 中止		
~~B-6~~	~~4月11日(土)~~ 中止	~~B-7~~	~~4月13日(月)~~
B-8	5月16日(土)	B-9	5月18日(月)
B-10	6月13日(土)	B-11	6月15日(月)
B-12	7月20日(月)	B-13	7月25日(土)
B-14	8月17日(月)	B-15	8月18日(火)
B-16	9月23日(水)	B-17	9月25日(金)
B-18	10月19日(月)	B-19	10月20日(火)
B-20	11月21日(土)	B-21	11月27日(金)
B-22	12月14日(月)	B-23	12月18日(金)

詳細 時間…60分
①10:00〜11:00 ②12:00〜13:00 ③14:00〜15:00
料金…35,000円(事前予約のみ)
お申し込みは川越店へお電話でお願いします。
お申し込み後、セッション1週間前までにご入金と、質問事項を裏面申込用紙にご記入の上お送りください。
川越店 tel·fax:0492-98-7613

C 講演会

メシアメジャーからの最新のメッセージをお伝えします。
メッセージ謎解きをします。

場所 アイラブストーン川越店　川越市喜多町1−15

開催日

C-1	1月19日(日)	最新メッセージ講演会	終了
~~C-2~~	~~3月22日(~~	中止 ~~新メッセージ講演会~~	
~~C-3~~	~~4月12日(~~	中止 ~~新メッセージ講演会~~	
C-4	6月14日(日)	最新メッセージ講演会	
C-5	7月19日(日)	メッセージ講演会	
C-6	9月19日(土)	33年間公開メッセージ講演（1987年〜2007年）	
C-7	9月20日(日)	33年間公開メッセージ講演（2008年〜2015年）	
C-8	9月21日(月)	33年間公開メッセージ講演（2016年〜2020年）	
C-9	9月19日(土)〜21日(月)	3日間	
C-10	12月13日(日)	最新メッセージ講演会	
C-11	12月20日(日)	1年締め括り+お茶会(プレゼント付) ※この日は参加費無料です。 お好きなお菓子をお持ちください。	

詳細 時間…13:30〜15:30(お話)
ふれあい時間…15:30〜16:00(飲み物·お菓子の時間)
お飲み物は各自お持ちください。
お菓子…お菓子の持ち込み、差入もOK
料金…当日払い 11,000円
（事前予約·前日までの振込払い10,000円）

定員 38名

D 龍の同窓会

場所 アイラブストーン川越店　川越市喜多町1−15

開催日 2月22日(土)·23日(日) 終了

詳細 時間…1日目13:00〜15:30　2日目10:00〜13:00
料金…1日は10,000円　2日間は18,000円

M 有料メルマガ

1週間に1回、最新のメッセージか緊急メッセージを1編か2編、過去のメッセージを1編か2編お送りします。

詳細 1年コース…15,000円
6ヶ月コース…9,000円
お試しコース（3ヶ月）…5,000円

E 川越三歩 散歩＋プチお話会

川越の街、散策と地元の美味い物を食べる。

場所 喜多院・広済寺・南院（3体の龍の道を歩く）

開催日 5月17日(日)

詳細 時間…10:00　現地集合～15:30（喜多院現地解散）
料金…5,000円

F 川越三歩

氷川神社とワークショップ『親子で楽しく防災』
防災のお話と親子で笛のストラップ作り

場所 アイラブストーン川越店　川越市喜多町1−15

開催日 7月26日(日)

詳細 時間…11:00～15:00（店舗集合／現地解散）
料金…3,000円（材料代含みます）子ども1名追加2,500円

定員 38名

G 川越三歩 川越まつり

ユネスコ無形文化遺産『山・鉾・屋台行事』山車を
見に行きましょう！

場所 アイラブストーン川越店　川越市喜多町1−15

開催日 G-1 10月17日(土)　G-2 10月18日(日)

詳細 時間…11:00～15:00（店舗集合／現地解散）

定員 41名

●新型コロナウイルス感染拡大予防のため、3月・4月のイベントは全て中止いたします。●今後も予定を変更する場合がございますのでご了承くださいませ。●突然変更することもございますので事務所までお問い合わせください。●講演会や愛の知恵袋などアイラブストーン川越店が会場の場合、人数に達しましたら募集は打ち切らせていただきますことをご了承ください。●なお、予約がなく満席の場合は当日のご参加をお受けできない場合がございます。一度愛乃コーポレーションへご確認くださいませ。

●電話受付／10:00～15 :00 ※木・土・日は定休日
愛乃コーポレーション ☎088-881-6193

H ツアー 2020年、重要な場所に行く

◆ 埼玉県…聖神社（2020年金運責任者は聖神社）
2020年は「庚・子・七赤」金運が3つ揃う年。2020年から給金を担当 …する銭神さまに会いに行きます。

開催日 H-1 3月20日(…　中止

詳細 時間…10:00～13:00（現地集合／現地解散）
料金…8,888円

◆ 九州ツアー

場所 壱岐島　月読神社　四次元パーラー アンデルセン
宗像大社　海門寺　高千穂神社　青井阿蘇神社

開催日 H-2 3月23日(月)　長崎個人セッション
3月24日(火)　アンデルセン
3月25日(水)　月読神社
3月26日(…　…大社
3月27日(…　中止　…寺
3月28日(土)　高千穂神社
3月29日(日)　青井阿蘇神社
3月24日(火)～3月30日(月)　九州全県縦断

詳細 時間…10:00～13:00（現地集合／現地解散）
料金…セッションのみ 10,000円
1日参加　8,000円　2日参加　16,000円
3日参加　24,000円　九州全県縦断　40,000円

◆ 島根県…衣毘須神社・出雲大社ツアー

開催日 H-3 4月29日(水)　宮ケ島　衣毘須神社ツアー
4月30日(木)　出雲大社ツアー

詳細 時間…10:00～1… 中止 …集合／現地解散）
料金…1日間は 8,000円　2日間は 16,000円
2日間+講演会 20,000円
4月29日（水）講演会参加 5,555円
（ニューウェルシティ出雲　14:00～17:00）

◆ 埼玉県…三峯神社 ツアー悪運絶ち

開催日 H-4 7月24日(金)

詳細 時間…10:00～13:00（現地集合/解散）料金…8,888円

◆ 滋賀県…白髭神社 延命、誕生ツアー

開催日 H-5 11月22日(日)

詳細 時間…10:00～13:00（現地集合・解散）料金…8,888円

※お電話やファクスがつながらない場合はアイラブストーン高知本店にお問い合わせください。　連絡先:088-831-0711

お申込みを希望していただける方へ ～この後の手続きについて～

①以下の申込み欄に必要事項をご記入の上、FAXでお送りください。
②下記の振込口座へ、参加費をお振込みください。
お振込先口座：高知銀行 神田支店　普通 3047685　カ）愛乃コーポレーション

<FAX用 お申込み用紙>　　送信先：088-881-6193

ﾌﾘｶﾞﾅ お名前	氏	名	
ご住所	〒		
TEL番号		FAX番号	
メールアドレス			
ご希望コース	※アルファベットと番号をお書きください。(例:A-1) ※日数を選ぶコースの場合は、参加日数も明記ください。(例:H-3 2日間)		
備　考	※個人セッションご希望の方は質問事項をご記入ください。		

<申込用紙>

送信先：088-881-6193

フリガナ		
お名前	氏	名
ご住所	〒	
TEL番号		FAX番号
メールアドレス		
お支払い	・個別（イベントごと）　・一括　円	※いずれかに〇印をお願いします。 一括の場合は合計金額もご記入ください。

ご希望のコース番号に〇印を入れ、参加人数と金額をご記入いただき、FAXでお申し込みの上、お振込くださいますようお願いいたします。

お振込先口座：高知銀行 神田支店　普通 3047685　カ）愛乃コーポレーション

Ⓐ愛の知恵袋

番号	日時	参加料/1人	参加人数	合計参加料
A-1	1/25(土)	3,000円	終了	
A-2	2/26(水)	3,000円	終了	
~~A-3~~	~~4/10(金)~~ 中止	~~,000円~~		
A-4	5/15(金)	3,000円		
A-5	6/12(金)	3,000円		
A-6	7/23(木)	3,000円		
A-7	10/16(金)	3,000円		
A-8	12/15(火)	3,000円		
		※当日申込みは3,333円		

Ⓓ同龍窓の会

D-3	2/22(土)･23(日)	18,000円	終了	
D-1	2/22(土)	10,000円	終了	
D-2	2/23(日)	10,000円	終了	

Ⓒ講演会

番号	日時	参加料/1人	参加人数	合計参加料
C-1	1/19(日)	10,000円	終了	
~~C-2~~	~~3/22(日)~~ 中止	~~0,000円~~		
~~C-3~~	~~4/12(日)~~ 中止	~~0,000円~~		
C-4	6/14(日)	10,000円		
C-5	7/19(日)	10,000円		
C-6	9/19(土)	10,000円		
C-7	9/20(日)	10,000円		
C-8	9/21(月)	10,000円		
C-9	9/19(土)~21(月)	28,000円		
C-10	12/13(日)	10,000円		
C-11	12/20(日)	10,000円		

	番号	日時	内容	参加料/1人	参加人数	合計参加料
Ⓔ川越三歩	E	5/17(日)	喜多院･南院･広済寺	5,000円		
Ⓕ川越三歩	F	7/26(日)	防災ワークショップ	大人 3,000円 子ども 2,500円	大人　人 子ども　人	
Ⓖ川越三歩	G-1	10/17(土)	川越まつり	5,000円		
	G-2	10/18(日)	川越まつり	5,000円		
	G-3	10/17(土)･18(日)	川越まつり	9,000円		

Ⓗツアー

番号	日時	内容	参加料/1人	参加人数	合計参加料
H-1	3/20(金)	聖神社	8,888円		
H-2-1	3/23(月)	長崎個人セッション	10,000円		
H-2-2	3/24(火)	アンデルセン	8,000円		
H-2-3	3/25(水)	月読神社	8,000円		
H-2-4	3/26(木)	宗像大社	8,000円		
H-2-5	3/27(金)	海門寺	8,000円		
H-2-6	3/28(土)	高千穂神社	8,000円		
H-2-7	3/29(日)	青井阿蘇神社	8,000円		
H-2-8	3/24(火)~30(月)	九州全県縦断	40,000円		
H-3-1	4/29(水)	衣毘須神社	8,000円		
H-3-2	4/30(木)	出雲大社	8,000円		
H-3-3	4/29(水)･4/30(木)	衣毘須･出雲ツアー	16,000円		
H-3-4	4/29(水)･4/30(木)	衣毘須･出雲･講演会	20,000円		
H-3-5	4/30(木)	出雲講演会	5,555円		
H-4	7/24(金)	三峯神社	8,888円		
H-5	11/22(日)	白鬚神社	8,888円		

中止（H-1～H-3-5）

Ⓜ有料メルマガ　・1年コース…15,000円　・6ヶ月コース…9,000円　・お試しコース（3ヶ月）…5,000円

※ご希望のコースに〇印をお入れください。

本といっしょに楽しむ ハピハピ♥ Goods&Life ヒカルランド

突然心に届きはじめて33年……
7人の宇宙存在メシアメジャーからのメッセージがここに！

＊メシアメジャーメッセージ全集＊

メシアメジャーメッセージ全集
コンプリートBOX
5冊セット ■ 15,278円（税込）

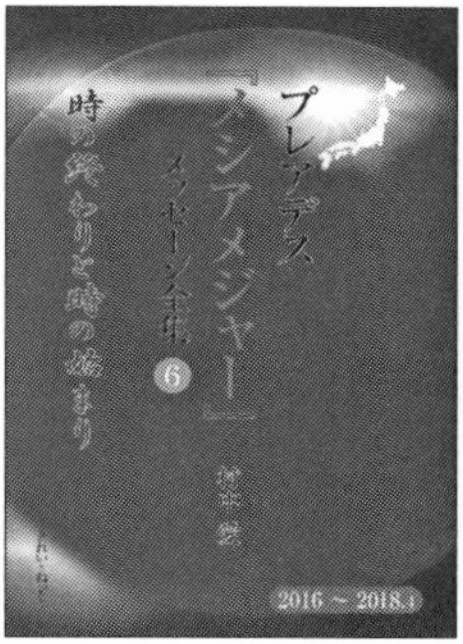

メシアメジャーメッセージ全集
第6巻
■ 3,056円（税込）

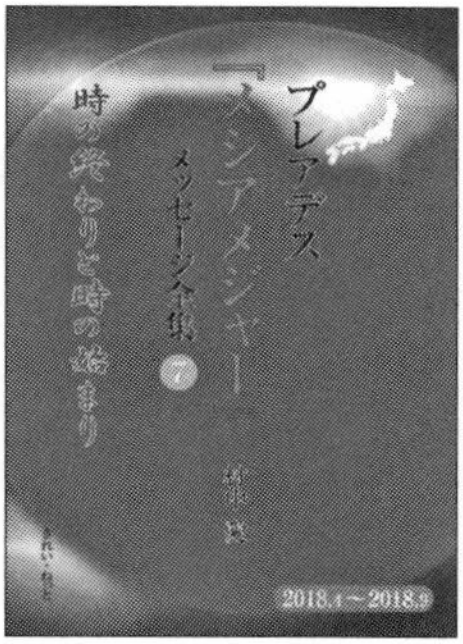

メシアメジャーメッセージ全集
第7巻
■ 3,300円（税込）

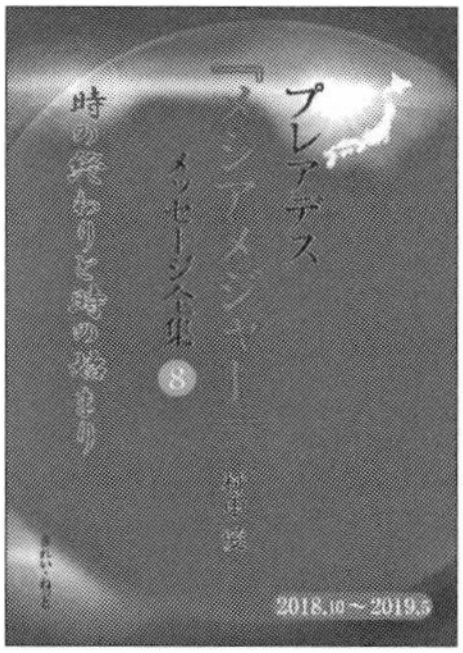

メシアメジャーメッセージ全集
第8巻
■ 3,300円（税込）

メシアメジャーメッセージ全集
第9巻
■ 3,300円（税込）

メシアメジャーメッセージ全集のお求めは
「アイラブストーン高知店」でも承っております。
TEL／FAX　088-831-0711　mail @ ilovestone.net

ヒカルランドパーク取扱い商品に関するお問い合わせ等は
メール：info@hikarulandpark.jp　　URL：http://www.hikaruland.co.jp/
03-5225-2671（平日10-17時）

ヒカルランド　好評既刊！

地上の星☆ヒカルランド　銀河より届く愛と叡智の宅配便

たった今、
宇宙銀行の財布の口が開きました
著者：小川雅弘
四六ソフト　本体1,750円+税

智徳主義【まろUP！】で
《日本経済の底上げ》は可能
著者：竹田和平／船井勝仁／小川雅弘
四六ソフト　本体1,750円+税

●一般書店では出会えない村中愛さん著作

メシアメジャーが語る身体の教科書
リーブル出版（寄付金本のため高額）
限定本（在庫：5冊）111,115円（送料・税込）

時は今　封印が拓かれるとき
著者：船井勝仁／小川雅弘／村中　愛
きれい・ねっと　1冊700円（送料・税込）
3冊セット2,100円（送料・税込）

お求めはアイラブストーン高知店へ

ヒカルランド　好評既刊！

地上の星☆ヒカルランド　銀河より届く愛と叡智の宅配便

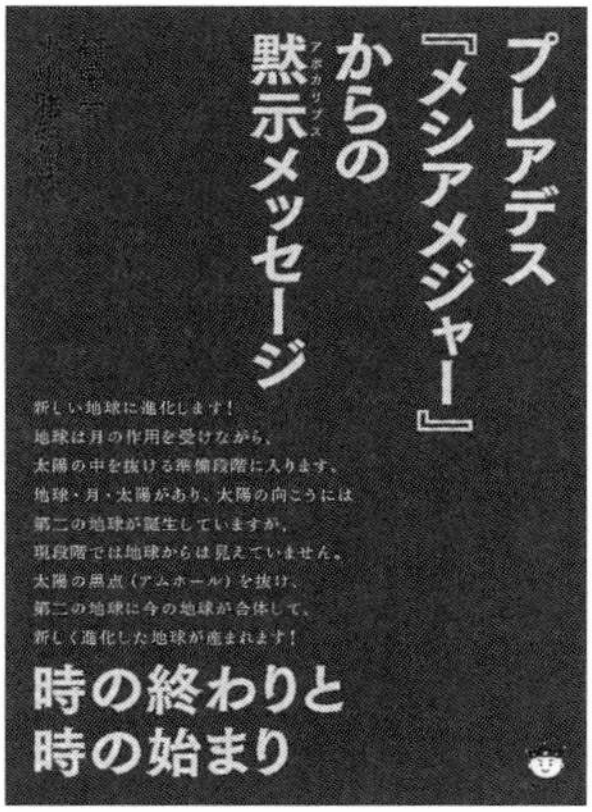

プレアデス《メシアメジャー》からの
黙示（アポカリプス）メッセージ
著者：村中 愛
序文：小川雅弘
四六ソフト　本体1,851円+税

天皇とユダヤとキリスト
そしてプレアデス・メシアメジャー
著者：赤塚高仁／小川雅弘／村中 愛
四六ソフト　本体1,750円+税

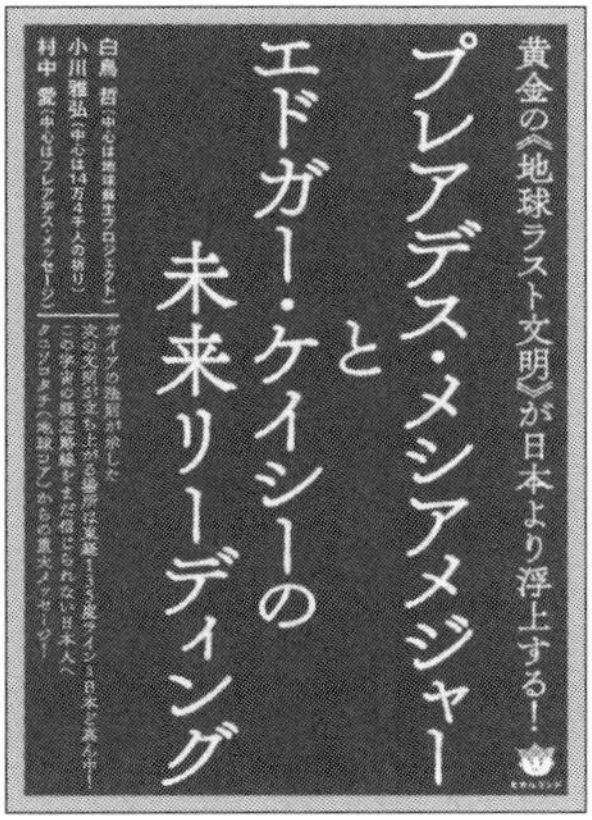

プレアデス・メシアメジャーと
エドガー・ケイシーの未来リーディング
著者：白鳥 哲／小川雅弘／村中 愛
四六ソフト　本体1,750円+税

プレアデスメシアメジャーが示す
「未曾有の大惨事」の超え方
著者：飛鳥昭雄／村中 愛／小川雅弘
四六ソフト　本体1,851円+税

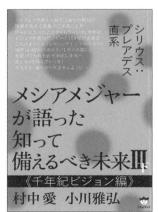

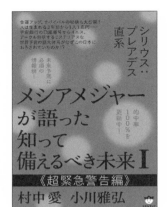

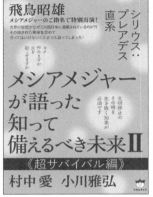

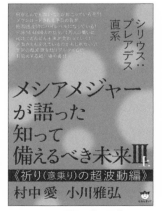